# СКОРО СКАЗКА
# СКАЗЫВАЕТСЯ...

Издательский дом «Проф-Пресс»
Ростов-на-Дону
2012

# СОДЕРЖАНИЕ

**А.С. Пушкин**

Сказка о золотом петушке        3

Сказка о рыбаке и рыбке        61

Сказка о мёртвой царевне
и о семи богатырях        73

**П.П. Ершов**

Конёк-Горбунок        99

А.С. Пушкин

# Сказка о золотом петушке

Не́где, в тридевятом царстве,
В тридесятом государстве,
Жил-был славный царь Дадон.
Смолоду был грозен он
И соседям то и дело
Наносил обиды смело;
Но под старость захотел
Отдохнуть от ратных дел
И покой себе устроить.
Тут соседи беспокоить
Стали старого царя,
Страшный вред ему творя.
Чтоб концы своих владений
Охранять от нападений,
Должен был он содержать
Многочисленную рать.
Воеводы не дремали,
Но никак не успевали:

Ждут, бывало, с юга, глядь, —
Ан с востока лезет рать.
Справят здесь, — лихие гости
Идут о́т моря. Со злости
Инда плакал царь Дадон,
Инда забывал и сон.
Что и жизнь в такой тревоге!
Вот он с просьбой о помоге
Обратился к мудрецу,
Звездочёту и скопцу.
Шлёт за ним гонца с поклоном.

Вот мудрец перед Дадоном
Стал и вынул из мешка
Золотого петушка.
«Посади ты эту птицу, —
Молвил он царю, — на спицу;
Петушок мой золотой
Будет верный сторож твой:
Коль кругом всё будет мирно,
Так сидеть он будет смирно;
Но лишь чуть со стороны
Ожидать тебе войны,
Иль набега силы бранной,
Иль другой беды незваной,
Вмиг тогда мой петушок
Приподымет гребешок,
Закричит и встрепенётся
И в то место обернётся».
Царь скопца благодарит,
Горы золота сулит.
«За такое одолженье, —
Говорит он в восхищенье, —
Волю первую твою
Я исполню, как мою».

Петушок с высокой спицы
Стал стеречь его границы.
Чуть опасность где видна,
Верный сторож, как со сна,
Шевельнётся, встрепенётся,
К той сторонке обернётся
И кричит: «Кири-ку-ку.
Царствуй, лёжа на боку!»

И соседи присмирели,
Воевать уже не смели:
Таковой им царь Дадон
Дал отпор со всех сторон!

Год, другой проходит мирно;
Петушок сидит всё смирно.
Вот однажды царь Дадон
Страшным шумом пробуждён:
«Царь ты наш! отец народа! —
Возглашает воевода, —

Государь! проснись! беда!»
— Что такое, господа? —
Говорит Дадон, зевая, —
А?.. Кто там?.. беда какая?
Воевода говорит:
«Петушок опять кричит,
Страх и шум во всей столице».
Царь к окошку, — ан на спице,
Видит, бьётся петушок,
Обратившись на восток.
Медлить нечего: «Скорее!
Люди, на́ конь! Эй, живее!»
Царь к востоку войско шлёт,
Старший сын его ведёт.
Петушок угомонился,
Шум утих, и царь забылся.

Вот проходит восемь дней,
А от войска нет вестей;
Было ль, не было ль сраженья, —
Нет Дадону донесенья.
Петушок кричит опять.
Кличет царь другую рать;
Сына он теперь меньшого
Шлёт на выручку большого;
Петушок опять утих.
Снова вести нет от них!
Снова восемь дней проходят;
Люди в страхе дни проводят;
Петушок кричит опять,
Царь скликает третью рать
И ведёт её к востоку, —
Сам не зная, быть ли проку.

Во́йска и́дут день и ночь;
Им становится невмочь.
Ни побоища, ни стана,
Ни надгробного кургана
Не встречает царь Дадон.
«Что за чудо?» — мыслит он.
Вот осьмой уж день проходит,
Войско в горы царь приводит
И промеж высоких гор
Видит шёлковый шатёр.
Всё в безмолвии чудесном
Вкруг шатра; в ущелье тесном

Рать побитая лежит.
Царь Дадон к шатру спешит...
Что за страшная картина!
Перед ним его два сына
Без шеломов и без лат
Оба мёртвые лежат,
Меч вонзивши друг во друга.
Бродят кони их средь луга,
По притоптанной траве,
По кровавой мураве...
Царь завыл: «Ох дети, дети!
Горе мне! попались в сети
Оба наши сокола́!
Горе! смерть моя пришла».
Все завыли за Дадоном,
Застонала тяжким стоном
Глубь долин, и сердце гор
Потряслося. Вдруг шатёр
Распахнулся... и девица,
Шамаханская царица,
Вся сияя, как заря,
Тихо встретила царя.
Как пред солнцем птица ночи,
Царь умолк, ей глядя в очи,
И забыл он перед ней
Смерть обоих сыновей.
И она перед Дадоном
Улыбнулась — и с поклоном
Его за руку взяла
И в шатёр свой увела.
Там за стол его сажала,
Всяким яством угощала,

Уложила отдыхать
На парчовую кровать.
И потом, неделю ровно,
Покорясь ей безусловно,
Околдован, восхищён,
Пировал у ней Дадон.

Наконец и в путь обратный
Со своею силой ратной
И с девицей молодой
Царь отправился домой.

Перед ним молва бежала,
Быль и небыль разглашала.
Под столицей, близ ворот,
С шумом встретил их народ, —
Все бегут за колесницей,
За Дадоном и царицей;
Всех приветствует Дадон...
Вдруг в толпе увидел он:
В сарачинской шапке белой,
Весь как лебедь поседелый,
Старый друг его, скопец.
«А, здорóво, мой отец, —
Молвил царь ему, — что скажешь?
Подь поближе. Что прикажешь?»
— Царь! — ответствует мудрец, —
Разочтёмся наконец.
Помнишь? за мою услугу
Обещался мне, как другу,
Волю первую мою
Ты исполнить, как свою.
Подари ж ты мне девицу,
Шамаханскую царицу.
Крайне царь был изумлён.
«Что ты? — старцу молвил он, —
Или бес в тебя ввернулся,
Или ты с ума рехнулся?
Что ты в голову забрал?
Я, конечно, обещал,
Но всему же есть граница.
И зачем тебе девица?
Полно, знаешь ли, кто я?
Попроси ты от меня

Хоть казну, хоть чин боярский,
Хоть коня с конюшни царской,
Хоть полцарства моего».
— Не хочу я ничего!
Подари ты мне девицу,
Шамаханскую царицу, —

Говорит мудрец в ответ.
Плюнул царь: «Так лих же: нет!
Ничего ты не получишь.
Сам себя ты, грешник, мучишь;
Убирайся, цел пока;
Оттащите старика!»
Старичок хотел заспорить,
Но с иным накладно вздорить;
Царь хватил его жезлом
По лбу; тот упал ничком,
Да и дух вон. — Вся столица
Содрогнулась, а девица —
Хи-хи-хи! да ха-ха-ха!
Не боится, знать, греха.
Царь, хоть был встревожен сильно,
Усмехнулся ей умильно.
Вот — въезжает в город он...
Вдруг раздался лёгкий звон,
И в глазах у всей столицы
Петушок спорхнул со спицы,
К колеснице полетел
И царю на темя сел,
Встрепенулся, клюнул в темя
И взвился... И в то же время
С колесницы пал Дадон —
Охнул раз, — и умер он.
А царица вдруг пропала,
Будто вовсе не бывало.
Сказка ложь, да в ней намёк!
Добрым мо́лодцам урок.

# А.С. Пушкин

# Сказка о царе Салтане,

## о сыне его славном и могучем богатыре князе Гвидоне Салтановиче и о прекрасной царевне Лебеди

Три девицы под окном
Пряли поздно вечерком.
«Кабы я была царица, —
Говорит одна девица, —
То на весь крещёный мир
Приготовила б я пир».
«Кабы я была царица, —
Говорит её сестрица, —
То на весь бы мир одна
Наткала я полотна».
«Кабы я была царица, —
Третья молвила сестрица, —
Я б для батюшки-царя
Родила богатыря».

Только вымолвить успела,
Дверь тихонько заскрыпела,
И в светлицу входит царь,
Стороны той государь.
Во всё время разговора
Он стоял позадь забора;
Речь последней по всему
Полюбилася ему.
«Здравствуй, красная девица, —
Говорит он, — будь царица
И роди богатыря
Мне к исходу сентября.
Вы ж, голубушки-сестрицы,
Выбирайтесь из светлицы,
Поезжайте вслед за мной,
Вслед за мной и за сестрой:
Будь одна из вас ткачиха,
А другая повариха».

В сени вышел царь-отец.
Все пустились во дворец.
Царь недолго собирался:
В тот же вечер обвенчался.
Царь Салтан за пир честной
Сел с царицей молодой;
А потом честные гости
На кровать слоновой кости
Положили молодых
И оставили одних.
В кухне злится повариха,
Плачет у станка ткачиха,
И завидуют оне
Государевой жене.

А царица молодая,
Дела вдаль не отлагая,
С первой ночи понесла.

В те поры́ война была.
Царь Салтан, с женой простяся,
На добра коня садяся,
Ей наказывал себя
Поберечь, его любя.
Между тем, как он далёко
Бьётся долго и жестоко,
Наступает срок родин;
Сына бог им дал в аршин,
И царица над ребёнком
Как орлица над орлёнком;
Шлёт с письмом она гонца,
Чтоб обрадовать отца.
А ткачиха с поварихой,
С сватьей бабой Бабарихой
Извести её хотят,
Перенять гонца велят;
Сами шлют гонца другого
Вот с чем о́т слова до слова:
«Родила царица в ночь
Не то сына, не то дочь;
Не мышонка, не лягушку,
А неведому зверюшку».

Как услышал царь-отец,
Что донёс ему гонец,
В гневе начал он чудесить
И гонца хотел повесить;

Но, смягчившись на сей раз,
Дал гонцу такой приказ:
«Ждать царёва возвращенья
Для законного решенья».

Едет с грамотой гонец
И приехал наконец.
А ткачиха с поварихой,
С сватьей бабой Бабарихой,
Обобрать его велят;
Допьяна гонца поят
И в суму его пустую
Суют грамоту другую —
И привёз гонец хмельной
В тот же день приказ такой:
«Царь велит своим боярам,
Времени не тратя даром,
И царицу и приплод
Тайно бросить в бездну вод».
Делать нечего: бояре,
Потужив о государе
И царице молодой,
В спальню к ней пришли толпой.
Объявили царску волю —
Ей и сыну злую долю,
Прочитали вслух указ,
И царицу в тот же час
В бочку с сыном посадили,
Засмолили, покатили
И пустили в Окиян —
Так велел-де царь Салтан.

В синем небе звёзды блещут,
В синем море волны хлещут;
Туча по небу идёт,
Бочка по́ морю плывёт.
Словно горькая вдовица,
Плачет, бьётся в ней царица;
И растёт ребёнок там
Не по дням, а по часам.

День прошёл — царица во́пит...
А дитя волну торопит:
«Ты, волна моя, волна!
Ты гульлива и вольна;
Плещешь ты, куда захочешь,
Ты морские камни точишь,
Топишь берег ты земли,
Подымаешь корабли —
Не губи ты нашу душу:
Выплесни ты нас на сушу!»
И послушалась волна:
Тут же на берег она
Бочку вынесла легонько
И отхлынула тихонько.
Мать с младенцем спасена;
Землю чувствует она.
Но из бочки кто их вынет?
Бог неужто их покинет?
Сын на ножки поднялся,
В дно головкой уперся,
Понатужился немножко:
«Как бы здесь на двор окошко
Нам проделать?» — молвил он,
Вышиб дно и вышел вон.

Мать и сын теперь на воле;
Видят холм в широком поле,
Море синее кругом,
Дуб зелёный над холмом.
Сын подумал: добрый ужин
Был бы нам, однако, нужен.
Ломит он у дуба сук
И в тугой сгибает лук,

Со креста снурок* шелко́вый
Натянул на лук дубовый,
Тонку тросточку сломил,
Стрелкой лёгкой завострил
И пошёл на край долины
У моря искать дичины.

К морю лишь подходит он,
Вот и слышит будто стон...
Видно, на́ море не тихо;
Смотрит — видит дело лихо:
Бьётся лебедь средь зыбей,
Коршун носится над ней;
Та бедняжка так и плещет,
Воду вкруг мутит и хлещет...
Тот уж когти распустил,
Клёв кровавый навострил...
Но как раз стрела запела,
В шею коршуна задела —
Коршун в море кровь пролил,
Лук царевич опустил;
Смотрит: коршун в море тонет
И не птичьим криком стонет,
Лебедь около плывёт,
Злого коршуна клюёт,
Гибель близкую торопит,
Бьёт крылом и в море топит —
И царевичу потом
Молвит русским языком:
«Ты, царевич, мой спаситель,
Мой могучий избавитель,
Не тужи, что за меня
Есть не будешь ты три дня,

* Объяснение слов, помеченных звёздочкой, дано в конце книги.

Что стрела пропала в море;
Это горе — всё не горе.
Отплачу тебе добром,
Сослужу тебе потом:
Ты не лебедь ведь избавил,
Девицу в живых оставил;
Ты не коршуна убил,
Чародея подстрелил.
Ввек тебя я не забуду:
Ты найдёшь меня повсюду,
А теперь ты воротись,
Не горюй и спать ложись».

23

Улетела лебедь-птица,
А царевич и царица,
Целый день проведши так,
Лечь решились натощак.
Вот открыл царевич очи;
Отрясая грёзы ночи
И дивясь, перед собой
Видит город он большой,

Стены с частыми зубцами,
И за белыми стенами
Блещут маковки церквей
И святых монастырей.
Он скорей царицу будит;
Та как ахнет!.. «То ли будет? —
Говорит он, — вижу я:
Лебедь тешится моя».
Мать и сын идут ко граду.
Лишь ступили за ограду,
Оглушительный трезвон
Поднялся со всех сторон:
К ним народ навстречу валит,
Хор церковный бога хвалит;
В колымагах* золотых
Пышный двор встречает их;
Все их громко величают
И царевича венчают
Княжей шапкой, и главой
Возглашают над собой;
И среди своей столицы,
С разрешения царицы,
В тот же день стал княжить он
И нарёкся: князь Гвидон.

Ветер на море гуляет
И кораблик подгоняет;
Он бежит себе в волнах
На раздутых парусах.
Корабельщики дивятся,
На кораблике толпятся,
На знакомом острову
Чудо видят наяву:

Город новый златоглавый,
Пристань с крепкою заставой,
Пушки с пристани палят,
Кораблю пристать велят.
Пристают к заставе гости;
Князь Гвидон зовёт их в гости,
Их он кормит и поит
И ответ держать велит:
«Чем вы, гости, торг ведёте
И куда теперь плывёте?»
Корабельщики в ответ:
«Мы объехали весь свет,
Торговали соболями,
Чёрно-бурыми лисами;
А теперь нам вышел срок,
Едем прямо на восток,
Мимо острова Буяна,
В царство славного Салтана...»
Князь им вымолвил тогда:
«Добрый путь вам, господа,
По морю по Окияну
К славному царю Салтану;
От меня ему поклон».
Гости в путь, а князь Гвидон
С берега душой печальной
Провожает бег их дальный;
Глядь — поверх текучих вод
Лебедь белая плывёт.
«Здравствуй, князь ты мой прекрасный!
Что ты тих, как день ненастный?
Опечалился чему?» —
Говорит она ему.

Князь печально отвечает:
«Грусть-тоска меня съедает,
Одолела молодца:
Видеть я б хотел отца».
Лебедь князю: «Вот в чём горе!
Ну, послушай: хочешь в море
Полететь за кораблём?
Будь же, князь, ты комаром».
И крылами замахала,
Воду с шумом расплескала

И обрызгала его
С головы до ног всего.
Тут он в точку уменьши́лся,
Комаром оборотился,
Полетел и запищал,
Судно на море догнал,
Потихоньку опустился
На корабль — и в щель забился.

Ветер весело шумит,
Судно весело бежит
Мимо острова Буяна,
К царству славного Салтана,
И желанная страна
Вот уж издали видна.
Вот на берег вышли гости;
Царь Салтан зовёт их в гости,
И за ними во дворец
Полетел наш удалец.
Видит: весь сияя в злате,
Царь Салтан сидит в палате
На престоле* и в венце
С грустной думой на лице;
А ткачиха с поварихой,
С сватьей бабой Бабарихой,
Около царя сидят
И в глаза ему глядят.
Царь Салтан гостей сажает
За свой стол и вопрошает:
«Ой вы, гости-господа,
Долго ль ездили? куда?
Ладно ль за́ морем, иль худо?
И какое в свете чудо?»

Корабельщики в ответ:
«Мы объехали весь свет;
За морем житьё не худо,
В свете ж вот какое чудо:
В море остров был крутой,
Не привальный\*, не жилой;
Он лежал пустой равниной;
Рос на нём дубок единый;
А теперь стоит на нём
Новый город со дворцом,

С златоглавыми церквами,
С теремами и садами,
А сидит в нём князь Гвидон;
Он прислал тебе поклон».
Царь Салтан дивится чуду;
Молвит он: «Коль жив я буду,
Чудный остров навещу,
У Гвидона погощу».
А ткачиха с поварихой,
С сватьей бабой Бабарихой,
Не хотят его пустить
Чудный остров навестить.
«Уж диковинка, ну право, —
Подмигнув другим лукаво,
Повариха говорит, —
Город у́ моря стоит!
Знайте, вот что не безделка:
Ель в лесу, под елью белка,
Белка песенки поёт
И орешки всё грызёт,
А орешки не простые,
Всё скорлупки золотые,
Ядра — чистый изумруд;
Вот что чудом-то зовут».
Чуду царь Салтан дивится,
А комар-то злится, злится —
И впился комар как раз
Тётке прямо в правый глаз.
Повариха побледнела,
Обмерла и окривела.
Слуги, сватья и сестра
С криком ловят комара.

«Распроклятая ты мошка!
Мы тебя!..» А он в окошко,
Да спокойно в свой удел\*
Через море полетел.

Снова князь у моря ходит,
С синя моря глаз не сводит;
Глядь — поверх текучих вод
Лебедь белая плывёт.

«Здравствуй, князь ты мой прекрасный!
Что ж ты тих, как день ненастный?
Опечалился чему?» —
Говорит она ему.
Князь Гвидон ей отвечает:
«Грусть-тоска меня съедает;
Чудо чудное завесть
Мне б хотелось. Где-то есть
Ель в лесу, под елью белка;
Диво, право, не безделка —
Белка песенки поёт
Да орешки всё грызёт,
А орешки не простые,
Всё скорлупки золотые,
Ядра — чистый изумруд;
Но, быть может, люди врут».
Князю лебедь отвечает:
«Свет о белке правду бает;
Это чудо знаю я;
Полно, князь, душа моя,
Не печалься; рада службу
Оказать тебе я в дружбу».
С ободрённою душой
Князь пошёл себе домой;
Лишь ступил на двор широкий —
Что ж? под ёлкою высокой,
Видит, белочка при всех
Золотой грызёт орех,
Изумрудец вынимает,
А скорлупку собирает,
Кучки равные кладёт
И с присвисточкой поёт

При честном при всём народе:
*Во саду ли, в огороде.*
Изумился князь Гвидон.
«Ну, спасибо, — молвил он, —
Ай да лебедь — дай ей боже,
Что и мне, веселье то же».
Князь для белочки потом
Выстроил хрустальный дом,

Караул к нему приставил
И притом дьяка заставил
Строгий счёт орехам весть.
Князю прибыль, белке честь.

Ветер по морю гуляет
И кораблик подгоняет;
Он бежит себе в волнах
На поднятых парусах
Мимо острова крутого,
Мимо города большого:
Пушки с пристани палят,
Кораблю пристать велят.
Пристают к заставе гости;
Князь Гвидон зовёт их в гости,
Их и кормит и поит
И ответ держать велит:
«Чем вы, гости, торг ведёте
И куда теперь плывёте?»
Корабельщики в ответ:
«Мы объехали весь свет,
Торговали мы конями,
Всё донскими жеребцами,
А теперь нам вышел срок —
И лежит нам путь далёк:
Мимо острова Буяна,
В царство славного Салтана...»
Говорит им князь тогда:
«Добрый путь вам, господа,
По морю по Окияну
К славному царю Салтану;
Да скажите: князь Гвидон
Шлёт царю-де свой поклон».

Гости князю поклонились,
Вышли вон и в путь пустились.
К морю князь — а лебедь там
Уж гуляет по волнам.
Молит князь: душа-де просит,
Так и тянет и уносит...
Вот опять она его
Вмиг обрызгала всего:
В муху князь оборотился,
Полетел и опустился
Между моря и небес
На корабль — и в щель залез.

Ветер весело шумит,
Судно весело бежит
Мимо острова Буяна,
В царство славного Салтана —
И желанная страна
Вот уж издали видна;
Вот на берег вышли гости;
Царь Салтан зовёт их в гости,
И за ними во дворец
Полетел наш удалец.
Видит: весь сияя в злате,
Царь Салтан сидит в палате
На престоле и в венце,
С грустной думой на лице.
А ткачиха с Бабарихой
Да с кривою поварихой
Около царя сидят,
Злыми жабами глядят.
Царь Салтан гостей сажает
За свой стол и вопрошает:

«Ой вы, гости-господа,
Долго ль ездили? куда?
Ладно ль за́ морем, иль худо,
И какое в свете чудо?»
Корабельщики в ответ:
«Мы объехали весь свет;
За́ морем житьё не худо;
В свете ж вот какое чудо:
Остров на́ море лежит,
Град на острове стоит
С златоглавыми церквами,
С теремами да садами;
Ель растёт перед дворцом,
А под ней хрустальный дом;
Белка там живёт ручная,
Да затейница какая!
Белка песенки поёт,
Да орешки всё грызёт,
А орешки не простые,
Всё скорлупки золотые,
Ядра — чистый изумруд;
Слуги белку стерегут,
Служат ей прислугой разной —
И приставлен дьяк приказный*
Строгий счёт орехам весть;
Отдаёт ей войско честь;
Из скорлупок льют монету
Да пускают в ход по свету;
Девки сыплют изумруд
В кладовые, да под спуд;
Все в том острове богаты,
Изоб нет, везде палаты;

А сидит в нём князь Гвидон;
Он прислал тебе поклон».
Царь Салтан дивится чуду.
«Если только жив я буду,
Чудный остров навещу,
У Гвидона погощу».
А ткачиха с поварихой,
С сватьей бабой Бабарихой,
Не хотят его пустить
Чудный остров навестить.
Усмехнувшись исподтиха,
Говорит царю ткачиха:
«Что тут дивного? ну, вот!
Белка камушки грызёт,
Мечет золото и в груды
Загребает изумруды;
Этим нас не удивишь,
Правду ль, нет ли говоришь.
В свете есть иное диво:
Море вздуется бурливо,
Закипит, подымет вой,
Хлынет на берег пустой,
Разольётся в шумном беге,
И очутятся на бреге,
В чешуе, как жар горя,
Тридцать три богатыря,
Все красавцы удалые,
Великаны молодые,
Все равны, как на подбор,
С ними дядька Черномор.
Это диво, так уж диво,
Можно молвить справедливо!»

Гости умные молчат,
Спорить с нею не хотят.
Диву царь Салтан дивится,
А Гвидон-то злится, злится...
Зажужжал он и как раз
Тётке сел на левый глаз,
И ткачиха побледнела:
«Ай!» — и тут же окривела;

Все кричат: «Лови, лови,
Да дави её, дави...
Вот ужо! постой немножко,
Погоди...» А князь в окошко,
Да спокойно в свой удел
Через море прилетел.

Князь у синя моря ходит,
С синя моря глаз не сводит;
Глядь — поверх текучих вод
Лебедь белая плывёт.
«Здравствуй, князь ты мой прекрасный!
Что ты тих, как день ненастный?
Опечалился чему?» —
Говорит она ему.
Князь Гвидон ей отвечает:
«Грусть-тоска меня съедает —
Диво б дивное хотел
Перенесть я в мой удел».
«А какое ж это диво?»
— Где-то вздуется бурливо
Окиян, подымет вой,
Хлынет на берег пустой,
Расплеснётся в шумном беге,
И очутятся на бреге,
В чешуе, как жар горя,
Тридцать три богатыря,
Все красавцы молодые,
Великаны удалые,
Все равны, как на подбор,
С ними дядька Черномор.
Князю лебедь отвечает:
«Вот что, князь, тебя смущает?

Не тужи, душа моя,
Это чудо знаю я.
Эти витязи морские
Мне ведь братья все родные.
Не печалься же, ступай,
В гости братцев поджидай».

Князь пошёл, забывши горе,
Сел на башню, и на море
Стал глядеть он; море вдруг
Всколыхалося вокруг,
Расплескалось в шумном беге
И оставило на бреге
Тридцать три богатыря;
В чешуе, как жар горя,
Идут витязи четами,
И, блистая сединами,
Дядька впереди идёт
И ко граду их ведёт.
С башни князь Гвидон сбегает,
Дорогих гостей встречает;
Второпях народ бежит;
Дядька князю говорит:
«Лебедь нас к тебе послала
И наказом наказала
Славный город твой хранить
И дозором обходить.
Мы отныне ежеденно
Вместе будем непременно
У высоких стен твоих
Выходить из вод морских,
Так увидимся мы вскоре,
А теперь пора нам в море;

Тяжек воздух нам земли».
Все потом домой ушли.

Ветер по морю гуляет
И кораблик подгоняет;
Он бежит себе в волнах
На поднятых парусах

Мимо острова крутого,
Мимо города большого;
Пушки с пристани палят,
Кораблю пристать велят.
Пристают к заставе гости;
Князь Гвидон зовёт их в гости,

Их и кормит и пои́т,
И ответ держать велит:
«Чем вы, гости, торг ведёте?
И куда теперь плывёте?»
Корабельщики в ответ:
«Мы объехали весь свет;
Торговали мы булатом,
Чистым серебром и златом,
И теперь нам вышел срок;
А лежит нам путь далёк,
Мимо острова Буяна,
В царство славного Салтана».
Говорит им князь тогда:
«Добрый путь вам, господа,
По морю по Окияну
К славному царю Салтану.
Да скажите ж: князь Гвидон
Шлёт-де свой царю поклон».

Гости князю поклонились,
Вышли вон и в путь пустились.
К морю князь, а лебедь там
Уж гуляет по волнам.
Князь опять: душа-де просит...
Так и тянет и уносит...
И опять она его
Вмиг обрызгала всего.
Тут он очень уменьшился,
Шмелем князь оборотился,
Полетел и зажужжал;
Судно на море догнал,
Потихоньку опустился
На корму — и в щель забился.

Ветер весело шумит,
Судно весело бежит
Мимо острова Буяна,
В царство славного Салтана,
И желанная страна
Вот уж издали видна.
Вот на берег вышли гости.
Царь Салтан зовёт их в гости,
И за ними во дворец
Полетел наш удалец.
Видит, весь сияя в злате,
Царь Салтан сидит в палате
На престоле и в венце,
С грустной думой на лице.
А ткачиха с поварихой,
С сватьей бабой Бабарихой
Около царя сидят —
Четырьмя все три глядят.
Царь Салтан гостей сажает
За свой стол и вопрошает:
«Ой вы, гости-господа,
Долго ль ездили? куда?
Ладно ль за морем, иль худо?
И какое в свете чудо?»
Корабельщики в ответ:
«Мы объехали весь свет;
За морем житьё не худо;
В свете ж вот какое чудо:
Остров на море лежит,
Град на острове стоит,
Каждый день идёт там диво:
Море вздуется бурливо,

Закипит, подымет вой,
Хлынет на берег пустой,
Расплеснётся в скором беге —
И останутся на бреге
Тридцать три богатыря,
В чешуе златой горя,
Все красавцы молодые,
Великаны удалые,

Все равны, как на подбор;
Старый дядька Черномор
С ними из моря выходит
И попарно их выводит,
Чтобы остров тот хранить
И дозором обходить —
И той стражи нет надежней,
Ни храбрее, ни прилежней.
А сидит там князь Гвидон;
Он прислал тебе поклон».
Царь Салтан дивится чуду.
«Коли жив я только буду,
Чудный остров навещу
И у князя погощу».
Повариха и ткачиха
Ни гугу — но Бабариха,
Усмехнувшись, говорит:
«Кто нас этим удивит?
Люди и́з моря выходят
И себе дозором бродят!
Правду ль бают или лгут,
Дива я не вижу тут.
В свете есть такие ль дива?
Вот идёт молва правдива:
За морем царевна есть,
Что не можно глаз отвесть:
Днём свет божий затмевает,
Ночью землю освещает,
Месяц под косой блестит,
А во лбу звезда горит.
А сама-то величава,
Выплывает, будто пава;

А как речь-то говорит,
Словно реченька журчит.
Молвить можно справедливо,
Это диво, так уж диво».
Гости умные молчат:
Спорить с бабой не хотят.
Чуду царь Салтан дивится —
А царевич хоть и злится,
Но жалеет он очей
Старой бабушки своей:
Он над ней жужжит, кружи́тся —
Прямо на нос к ней садится,
Нос ужалил богатырь:
На носу вскочил волдырь.
И опять пошла тревога:
«Помогите, ради бога!
Караул! лови, лови,
Да дави его, дави...
Вот ужо! пожди немножко,
Погоди!..» А шмель в окошко,
Да спокойно в свой удел
Через море полетел.

Князь у синя моря ходит,
С синя моря глаз не сводит;
Глядь — поверх текучих вод
Лебедь белая плывёт.
«Здравствуй, князь ты мой прекрасный!
Что ж ты тих, как день ненастный?
Опечалился чему?» —
Говорит она ему.
Князь Гвидон ей отвечает:
«Грусть-тоска меня съедает:

Люди женятся; гляжу,
Не женат лишь я хожу».
— А кого же на примете
Ты имеешь? — «Да на свете,
Говорят, царевна есть,
Что не можно глаз отвесть.
Днём свет божий затмевает,
Ночью землю освещает —
Месяц под косой блестит,
А во лбу звезда горит.
А сама-то величава,
Выступает, будто пава;
Сладку речь-то говорит,
Будто реченька журчит.
Только, полно, правда ль это?»
Князь со страхом ждёт ответа.
Лебедь белая молчит
И, подумав, говорит:
«Да! такая есть девица.
Но жена не рукавица:
С белой ручки не стряхнёшь,
Да за пояс не заткнёшь.
Услужу тебе советом —
Слушай: обо всём об этом
Пораздумай ты путём,
Не раскаяться б потом».
Князь пред нею стал божиться,
Что пора ему жениться,
Что об этом обо всём
Передумал он путём;
Что готов душою страстной
За царевною прекрасной

Он пешком идти отсель
Хоть за тридевять земель.
Лебедь тут, вздохнув глубоко,
Молвила: «Зачем далёко?
Знай, близка судьба твоя,
Ведь царевна эта — я».
Тут она, взмахнув крылами,
Полетела над волнами

И на берег с высоты
Опустилася в кусты,
Встрепенулась, отряхнулась
И царевной обернулась:
Месяц под косой блестит,
А во лбу звезда горит;
А сама-то величава,
Выступает, будто пава;
А как речь-то говорит,
Словно реченька журчит.
Князь царевну обнимает,
К белой груди прижимает
И ведёт её скорей
К милой матушке своей.
Князь ей в ноги, умоляя:
«Государыня-родная!
Выбрал я жену себе,
Дочь послушную тебе,
Просим оба разрешенья,
Твоего благословенья:
Ты детей благослови
Жить в совете и любви».
Над главою их покорной
Мать с иконой чудотворной
Слёзы льёт и говорит:
«Бог вас, дети, наградит».
Князь не долго собирался,
На царевне обвенчался;
Стали жить да поживать,
Да приплода поджидать.

Ветер по морю гуляет
И кораблик подгоняет;

Он бежит себе в волнах
На раздутых парусах
Мимо острова крутого,
Мимо города большого;
Пушки с пристани палят,
Кораблю пристать велят.

Пристают к заставе гости.
Князь Гвидон зовёт их в гости,
Он их кормит и по́ит
И ответ держать велит:
«Чем вы, гости, торг ведёте
И куда теперь плывёте?»
Корабельщики в ответ:
«Мы объехали весь свет,

Торговали мы недаром
Неуказанным товаром*;
А лежит нам путь далёк:
Восвояси на восток,
Мимо острова Буяна,
В царство славного Салтана».
Князь им вымолвил тогда:
«Добрый путь вам, господа,
По морю по Окияну
К славному царю Салтану;
Да напомните ему,
Государю своему:
К нам он в гости обещался,
А доселе не собрался —
Шлю ему я свой поклон».
Гости в путь, а князь Гвидон
Дома на сей раз остался
И с женою не расстался.

Ветер весело шумит,
Судно весело бежит
Мимо острова Буяна
К царству славного Салтана,
И знакомая страна
Вот уж издали видна.
Вот на берег вышли гости.
Царь Салтан зовёт их в гости.
Гости видят: во дворце
Царь сидит в своём венце,
А ткачиха с поварихой,
С сватьей бабой Бабарихой,
Около царя сидят,
Четырьмя все три глядят.

Царь Салтан гостей сажает
За свой стол и вопрошает:
«Ой вы, гости-господа,
Долго ль ездили? куда?
Ладно ль за морем, иль худо?
И какое в свете чудо?»
Корабельщики в ответ:
«Мы объехали весь свет;
За морем житьё не худо,
В свете ж вот какое чудо:
Остров на море лежит,
Град на острове стоит,
С златоглавыми церквами,
С теремами и садами;
Ель растёт перед дворцом,
А под ней хрустальный дом;
Белка в нём живёт ручная,
Да чудесница какая!
Белка песенки поёт
Да орешки всё грызёт;
А орешки не простые,
Скорлупы-то золотые,
Ядра — чистый изумруд;
Белку холят, берегут.
Там ещё другое диво:
Море вздуется бурливо,
Закипит, подымет вой,
Хлынет на берег пустой,
Расплеснётся в скором беге,
И очутятся на бреге,
В чешуе, как жар горя,
Тридцать три богатыря,

Все красавцы удалые,
Великаны молодые,
Все равны, как на подбор —
С ними дядька Черномор.
И той стражи нет надежней,
Ни храбрее, ни прилежней.
А у князя жёнка есть,
Что не можно глаз отвесть:
Днём свет божий затмевает,
Ночью землю освещает;
Месяц под косой блестит,
А во лбу звезда горит.
Князь Гвидон тот город правит,
Всяк его усердно славит;
Он прислал тебе поклон,
Да тебе пеняет он:
К нам-де в гости обещался,
А доселе не собрался».

Тут уж царь не утерпел,
Снарядить он флот велел.
А ткачиха с поварихой,
С сватьей бабой Бабарихой,
Не хотят царя пустить
Чудный остров навестить.
Но Салтан им не внимает
И как раз их унимает:
«Что я? царь или дитя? —
Говорит он не шутя. —
Нынче ж еду!» — Тут он топнул,
Вышел вон и дверью хлопнул.

Под окном Гвидон сидит,
Молча на море глядит:
Не шумит оно, не хлещет,
Лишь едва, едва трепещет,
И в лазоревой дали
Показались корабли:
По равнинам Окияна
Едет флот царя Салтана.
Князь Гвидон тогда вскочил,
Громогласно возопил:
«Матушка моя родная!
Ты, княгиня молодая!
Посмотрите вы туда:
Едет батюшка сюда».
Флот уж к острову подходит.
Князь Гвидон трубу наводит:
Царь на палубе стоит
И в трубу на них глядит;
С ним ткачиха с поварихой,
С сватьей бабой Бабарихой;
Удивляются оне
Незнакомой стороне.
Разом пушки запалили;
В колокольнях зазвонили;
К морю сам идёт Гвидон;
Там царя встречает он
С поварихой и ткачихой,
С сватьей бабой Бабарихой;
В город он повёл царя,
Ничего не говоря.

Все теперь идут в палаты:
У ворот блистают латы,

И стоят в глазах царя
Тридцать три богатыря,
Все красавцы молодые,
Великаны удалые,
Все равны, как на подбор,
С ними дядька Черномор.
Царь ступил на двор широкий:
Там под ёлкою высокой
Белка песенку поёт,
Золотой орех грызёт,
Изумрудец вынимает
И в мешочек опускает;
И засеян двор большой
Золотою скорлупой.
Гости дале — торопливо
Смотрят — что ж? княгиня — диво:
Под косой луна блестит,
А во лбу звезда горит;
А сама-то величава,
Выступает, будто пава,
И свекровь свою ведёт.
Царь глядит — и узнаёт...
В нём взыграло ретивое!
«Что я вижу? что такое?
Как!» — и дух в нём занялся...
Царь слезами залился,
Обнимает он царицу,
И сынка, и молодицу,
И садятся все за стол;
И весёлый пир пошёл.
А ткачиха с поварихой,
С сватьей бабой Бабарихой,

Разбежались по углам;
Их нашли насилу там.
Тут во всём они признались,
Повинились, разрыдались;
Царь для радости такой
Отпустил всех трёх домой.
День прошёл — царя Салтана
Уложили спать вполпьяна.
Я там был; мёд, пиво пил —
И усы лишь обмочил.

# А.С. Пушкин

# Сказка о рыбаке и рыбке

Жил старик со своею старухой
У самого синего моря;
Они жили в ветхой землянке
Ровно тридцать лет и три года.
Старик ловил неводом рыбу,
Старуха пряла свою пряжу.
Раз он в море закинул невод, —
Пришёл невод с одною тиной.
Он в другой раз закинул невод, —
Пришёл невод с травой морскою.
В третий раз закинул он невод, —
Пришёл невод с одною рыбкой,
С непростою рыбкой, — золотою.
Как взмолится золотая рыбка!
Голосом молвит человечьим:
«Отпусти ты, старче, меня в море!
Дорогой за себя дам откуп:
Откуплюсь чем только пожелаешь».

Удивился старик, испугался:
Он рыбачил тридцать лет и три года
И не слыхивал, чтоб рыба говорила.
Отпустил он рыбку золотую
И сказал ей ласковое слово:
«Бог с тобою, золотая рыбка!
Твоего мне откупа не надо;
Ступай себе в синее море,
Гуляй там себе на просторе».

Воротился старик ко старухе,
Рассказал ей великое чудо.
«Я сегодня поймал было рыбку,
Золотую рыбку, не простую;
По-нашему говорила рыбка,
Домой в море синее просилась,
Дорогою ценою откупалась:
Откупалась чем только пожелаю.
Не посмел я взять с неё выкуп;
Так пустил её в синее море».
Старика старуха забранила:
«Дурачина ты, простофиля!
Не умел ты взять выкупа с рыбки!
Хоть бы взял ты с неё корыто,
Наше-то совсем раскололось».

Вот пошёл он к синему морю;
Видит, — море слегка разыгралось.
Стал он кликать золотую рыбку,
Приплыла к нему рыбка и спросила:
«Чего тебе надобно, старче?»
Ей с поклоном старик отвечает:
«Смилуйся, государыня рыбка,

Разбранила меня моя старуха,
Не даёт старику мне покою:
Надобно ей новое корыто;
Наше-то совсем раскололось».
Отвечает золотая рыбка:
«Не печалься, ступай себе с богом,
Будет вам новое корыто».

Воротился старик ко старухе,
У старухи новое корыто.

Ещё пуще старуха бранится:
«Дурачина ты, простофиля!
Выпросил, дурачина, корыто!
В корыте много ль корысти?
Воротись, дурачина, ты к рыбке;
Поклонись ей, выпроси уж избу».

Вот пошёл он к синему морю;
(Помутилося синее море).
Стал он кликать золотую рыбку,
Приплыла к нему рыбка, спросила:
«Чего тебе надобно, старче?»
Ей старик с поклоном отвечает:
«Смилуйся, государыня рыбка!
Ещё пуще старуха бранится,
Не даёт старику мне покою:
Избу просит сварливая баба».
Отвечает золотая рыбка:
«Не печалься, ступай себе с богом,
Так и быть: изба вам уж будет».
Пошёл он ко своей землянке,
А землянки нет уж и следа;
Перед ним изба со светёлкой*,
С кирпичною, белёною трубою,
С дубовыми, тесовыми вороты*.
Старуха сидит под окошком,
На чём свет стоит мужа ругает.
«Дурачина ты, прямой простофиля!
Выпросил, простофиля, избу!
Воротись, поклонися рыбке:
Не хочу быть чёрной крестьянкой,
Хочу быть столбовою дворянкой*».

Пошёл старик к синему морю;
(Не спокойно синее море).
Стал он кликать золотую рыбку.
Приплыла к нему рыбка, спросила:
«Чего тебе надобно, старче?»
Ей с поклоном старик отвечает:
«Смилуйся, государыня рыбка!

Пуще прежнего старуха вздурилась,
Не даёт старику мне покою:
Уж не хочет быть она крестьянкой,
Хочет быть столбовою дворянкой».
Отвечает золотая рыбка:
«Не печалься, ступай себе с богом».

Воротился старик ко старухе.
Что ж он видит? Высокий терем*.
На крыльце стоит его старуха
В дорогой собольей душегрейке*,
Парчовая на маковке* кичка*,
Жемчуги огрузили шею,
На руках золотые перстни,
На ногах красные сапожки.
Перед нею усердные слуги;
Она бьёт их, за чупрун* таскает.
Говорит старик своей старухе:
«Здравствуй, барыня сударыня дворянка!
Чай, теперь твоя душенька довольна».
На него прикрикнула старуха,
На конюшне служить его послала.

Вот неделя, другая проходит,
Ещё пуще старуха вздурилась:
Опять к рыбке старика посылает.
«Воротись, поклонися рыбке:
Не хочу быть столбовою дворянкой,
А хочу быть вольною царицей».
Испугался старик, взмолился:
«Что ты, баба, белены объелась?
Ни ступить, ни молвить не умеешь,
Насмешишь ты целое царство».

Осердилася пуще старуха,
По щеке ударила мужа.
«Как ты смеешь, мужик, спорить со мною,
Со мною, дворянкой столбовою? —
Ступай к морю, говорят тебе честью,
Не пойдёшь, поведут поневоле».

Старичок отправился к морю,
(Почернело синее море).
Стал он кликать золотую рыбку.

Приплыла к нему рыбка, спросила:
«Чего тебе надобно, старче?»
Ей с поклоном старик отвечает:
«Смилуйся, государыня рыбка!
Опять моя старуха бунтует:
Уж не хочет быть она дворянкой,
Хочет быть вольною царицей».
Отвечает золотая рыбка:
«Не печалься, ступай себе с богом!
Добро! будет старуха царицей!»

Старичок к старухе воротился,
Что ж? пред ним царские палаты*.
В палатах видит свою старуху,
За столом сидит она царицей,
Служат ей бояре да дворяне,
Наливают ей заморские ви́ны;
Заедает она пряником печатным;
Вкруг её стоит грозная стража,
На плечах топорики держат.
Как увидел старик, — испугался!
В ноги он старухе поклонился,
Молвил: «Здравствуй, грозная царица!
Ну, теперь твоя душенька довольна».
На него старуха не взглянула,
Лишь с очей прогнать его велела.
Подбежали бояре и дворяне,
Старика взашеи затолкали.
А в дверях-то стража подбежала,
Топорами чуть не изрубила.
А народ-то над ним насмеялся:
«Поделом тебе, старый невежа!

Впредь тебе, невежа, наука:
Не садися не в свои сани!»

Вот неделя, другая проходит,
Ещё пуще старуха вздурилась:
Царедворцев за мужем посылает,
Отыскали старика, привели к ней.
Говорит старику старуха:
«Воротись, поклонися рыбке.
Не хочу быть вольною царицей,
Хочу быть владычицей морскою,
Чтобы жить мне в Окияне-море,
Чтоб служила мне рыбка золотая
И была б у меня на посылках».

Старик не осмелился перечить,
Не дерзнул поперёк слова молвить.
Вот идёт он к синему морю,
Видит, на море чёрная буря:
Так и вздулись сердитые волны,
Так и ходят, так воем и воют.
Стал он кликать золотую рыбку.
Приплыла к нему рыбка, спросила:
«Чего тебе надобно, старче?»
Ей старик с поклоном отвечает:
«Смилуйся, государыня рыбка!
Что мне делать с проклятою бабой?
Уж не хочет быть она царицей,
Хочет быть владычицей морскою;
Чтобы жить ей в Окияне-море,
Чтобы ты сама ей служила
И была бы у ней на посылках».

Ничего не сказала рыбка,
Лишь хвостом по воде плеснула
И ушла в глубокое море.
Долго у моря ждал он ответа,
Не дождался, к старухе воротился —
Глядь: опять перед ним землянка;
На пороге сидит его старуха,
А пред нею разбитое корыто.

Царь с царицею простился,
В путь-дорогу снарядился,
И царица у окна
Села ждать его одна.
Ждёт-пождёт с утра до ночи,
Смотрит в поле, инда очи
Разболелись глядючи
С белой зори до ночи;

Не видать милого друга!
Только видит: вьётся вьюга,
Снег валится на поля,
Вся белёшенька земля.
Девять месяцев проходит,
С поля глаз она не сводит.
Вот в сочельник в самый, в ночь
Бог даёт царице дочь.
Рано утром гость желанный,
День и ночь так долго жданный,
Издалеча наконец
Воротился царь-отец.
На него она взглянула,
Тяжелёшенько вздохнула,
Восхищенья не снесла
И к обедне умерла.

Долго царь был неутешен,
Но как быть? и он был грешен;
Год прошёл как сон пустой,
Царь женился на другой.
Правду молвить, молодица
Уж и впрямь была царица:
Высока, стройна, бела,
И умом и всем взяла;
Но зато горда, ломлива,
Своенравна и ревнива.
Ей в приданое дано
Было зеркальце одно;
Свойство зеркальце имело:
Говорить оно умело.
С ним одним она была
Добродушна, весела,

С ним приветливо шутила
И, красуясь, говорила:
«Свет мой, зеркальце! скажи
Да всю правду доложи:
Я ль на свете всех милее,
Всех румяней и белее?»
И ей зеркальце в ответ:
«Ты, конечно, спору нет;

Ты, царица, всех милее,
Всех румяней и белее».
И царица хохотать,
И плечами пожимать,
И подмигивать глазами,
И прищёлкивать перстами,
И вертеться, подбочась,
Гордо в зеркальце глядясь.

Но царевна молодая,
Тихомолком расцветая,
Между тем росла, росла,
Поднялась — и расцвела,
Белолица, черноброва,
Нраву кроткого такого.
И жених сыскался ей,
Королевич Елисей.
Сват приехал, царь дал слово,
А приданое готово:
Семь торговых городов
Да сто сорок теремов.

На девичник собираясь,
Вот царица, наряжаясь
Перед зеркальцем своим,
Перемолвилася с ним:
«Я ль, скажи мне, всех милее,
Всех румяней и белее?»
Что же зеркальце в ответ?
«Ты прекрасна, спору нет;
Но царевна всех милее,
Всех румяней и белее».

Как царица отпрыгнёт,
Да как ручку замахнёт,
Да по зеркальцу как хлопнет,
Каблучком-то как притопнет!..
«Ах ты, мерзкое стекло!
Это врёшь ты мне назло.
Как тягаться ей со мною?
Я в ней дурь-то успокою.
Вишь какая подросла!
И не диво, что бела:
Мать брюхатая сидела
Да на снег лишь и глядела!
Но скажи: как можно ей
Быть во всём меня милей?
Признавайся: всех я краше.
Обойди всё царство наше,
Хоть весь мир; мне ровной нет.
Так ли?» Зеркальце в ответ:
«А царевна всё ж милее,
Всё ж румяней и белее».
Делать нечего. Она,
Чёрной зависти полна,
Бросив зеркальце под лавку,
Позвала к себе Чернавку
И наказывает ей,
Сенной девушке своей,
Весть царевну в глушь лесную
И, связав её, живую
Под сосной оставить там
На съедение волкам.

Чёрт ли сладит с бабой гневной?
Спорить нечего. С царевной

Вот Чернавка в лес пошла
И в такую даль свела,
Что царевна догадалась,
И до смерти испугалась,
И взмолилась: «Жизнь моя!
В чём, скажи, виновна я?
Не губи меня, девица!
А как буду я царица,
Я пожалую тебя».
Та, в душе её любя,

Не убила, не связала,
Отпустила и сказала:
«Не кручинься, бог с тобой».
А сама пришла домой.
«Что? — сказала ей царица. —
Где красавица девица?»
 — Там, в лесу, стоит одна, —
Отвечает ей она, —
Крепко связаны ей локти;
Попадётся зверю в когти,
Меньше будет ей терпеть,
Легче будет умереть.

И молва трезвонить стала:
Дочка царская пропала!
Тужит бедный царь по ней.
Королевич Елисей,
Помолясь усердно богу,
Отправляется в дорогу
За красавицей душой,
За невестой молодой.

Но невеста молодая,
До зари в лесу блуждая,
Между тем всё шла да шла
И на терем набрела.
Ей навстречу пёс, залая,
Прибежал и смолк, играя;
В ворота́ вошла она,
На подворье тишина.
Пёс бежит за ней, ласкаясь,
А царевна, подбираясь,
Поднялася на крыльцо

И взялася за кольцо;
Дверь тихонько отворилась,
И царевна очутилась
В светлой горнице; кругом
Лавки, крытые ковром,
Под святыми стол дубовый,
Печь с лежанкой изразцовой.
Видит девица, что тут
Люди добрые живут;
Знать, не будет ей обидно.
Никого меж тем не видно.
Дом царевна обошла,
Всё порядком убрала,
Засветила богу свечку,
Затопила жарко печку,
На полати взобралась
И тихонько улеглась.

Час обеда приближался,
Топот по двору раздался:
Входят семь богатырей,
Семь румяных усачей.
Старший молвил: «Что за диво!
Всё так чисто и красиво.
Кто-то терем прибирал
Да хозяев поджидал.
Кто же? Выдь и покажися,
С нами честно подружися.
Коль ты старый человек,
Дядей будешь нам навек.
Коли парень ты румяный,
Братец будешь нам названый.

Коль старушка, будь нам мать,
Так и станем величать.
Коли красная девица,
Будь нам милая сестрица».

И царевна к ним сошла,
Честь хозяям отдала,

В пояс низко поклонилась;
Закрасневшись, извинилась,
Что-де в гости к ним зашла,
Хоть звана и не была.
Вмиг по речи те спознали,
Что царевну принимали;
Усадили в уголок,
Подносили пирожок,
Рюмку полну наливали,
На подносе подавали.
От зелёного вина
Отрекалася она;
Пирожок лишь разломила,
Да кусочек прикусила,
И с дороги отдыхать
Отпросилась на кровать.
Отвели они девицу
Вверх во светлую светлицу
И оставили одну,
Отходящую ко сну.

День за днём идёт, мелькая,
А царевна молодая
Всё в лесу; не скучно ей
У семи богатырей.
Перед утренней зарёю
Братья дружною толпою
Выезжают погулять,
Серых уток пострелять,
Руку правую потешить,
Сорочина в поле спешить,
Иль башку с широких плеч
У татарина отсечь,

Или вытравить из леса
Пятигорского черкеса.
А хозяюшкой она
В терему меж тем одна
Приберёт и приготовит.
Им она не прекословит,
Не перечут ей они.
Так идут за днями дни.

Братья милую девицу
Полюбили. К ней в светлицу
Раз, лишь только рассвело,
Всех их семеро вошло.
Старший молвил ей: «Девица,
Знаешь: всем ты нам сестрица,
Всех нас семеро, тебя
Все мы любим, за себя
Взять тебя мы все бы ради,
Да нельзя, так бога ради
Помири нас как-нибудь:
Одному женою будь,
Прочим ласковой сестрою.
Что ж качаешь головою?
Аль отказываешь нам?
Аль товар не по купцам?»

«Ой вы, молодцы честные,
Братцы вы мои родные, —
Им царевна говорит, —
Коли лгу, пусть бог велит
Не сойти живой мне с места.
Как мне быть? ведь я невеста.

Для меня вы все равны,
Все удалы, все умны,
Всех я вас люблю сердечно;
Но другому я навечно
Отдана. Мне всех милей
Королевич Елисей».

Братья молча постояли
Да в затылке почесали.
«Спрос не грех. Прости ты нас, —
Старший молвил поклонясь, —
Коли так, не заикнуся
Уж о том». — «Я не сержуся, —
Тихо молвила она, —
И отказ мой не вина».
Женихи ей поклонились,
Потихоньку удалились,
И согласно все опять
Стали жить да поживать.

Между тем царица злая,
Про царевну вспоминая,
Не могла простить её,
А на зеркальце своё
Долго дулась и сердилась;
Наконец об нём хватилась
И пошла за ним, и, сев
Перед ним, забыла гнев,
Красоваться снова стала
И с улыбкою сказала:
«Здравствуй, зеркальце! скажи
Да всю правду доложи:

Я ль на свете всех милее,
Всех румяней и белее?»
И ей зеркальце в ответ:
«Ты прекрасна, спору нет;
Но живёт без всякой славы,
Средь зелёныя дубравы,
У семи богатырей
Та, что всё ж тебя милей».

И царица налетела
На Чернавку: «Как ты смела
Обмануть меня? и в чём!..»
Та призналася во всём:
Так и так. Царица злая,
Ей рогаткой угрожая,
Положила иль не жить,
Иль царевну погубить.

Раз царевна молодая,
Милых братьев поджидая,
Пряла, сидя под окном.
Вдруг сердито под крыльцом
Пёс залаял, и девица
Видит: нищая черница
Ходит по двору, клюкой
Отгоняя пса. «Постой,
Бабушка, постой немножко, —
Ей кричит она в окошко, —
Пригрожу сама я псу
И кой-что тебе снесу».
Отвечает ей черница:
«Ох ты, дитятко девица!
Пёс проклятый одолел,
Чуть до смерти не заел.
Посмотри, как он хлопочет!
Выдь ко мне». — Царевна хочет
Выйти к ней и хлеб взяла,
Но с крылечка лишь сошла,
Пёс ей под́ ноги — и лает,
И к старухе не пускает;
Лишь пойдёт старуха к ней,
Он, лесного зверя злей,

На старуху. «Что за чудо?
Видно, выспался он худо, —
Ей царевна говорит, —
На ж, лови!» — и хлеб летит.
Старушонка хлеб поймала.
«Благодарствую, — сказала. —
Бог тебя благослови;
Вот за то тебе, лови!»
И к царевне наливное,
Молодое, золотое,
Прямо яблочко летит...
Пёс как прыгнет, завизжит...
Но царевна в обе руки
Хвать — поймала. «Ради скуки
Кушай яблочко, мой свет.
Благодарствуй за обед», —
Старушоночка сказала,
Поклонилась и пропала...
И с царевной на крыльцо
Пёс бежит и ей в лицо
Жалко смотрит, грозно воет,
Словно сердце пёсье ноет,
Словно хочет ей сказать:
Брось! — Она его ласкать,
Треплет нежною рукою;
«Что, Соколко, что с тобою?
Ляг!» — и в комнату вошла,
Дверь тихонько заперла,
Под окно за пряжу села
Ждать хозяев, а глядела
Всё на яблоко. Оно
Соку спелого полно,

Так свежо и так душисто,
Так румяно-золотисто,
Будто мёдом налилось!
Видны семечки насквозь...
Подождать она хотела
До обеда, не стерпела,
В руки яблочко взяла,
К алым губкам поднесла,

Потихоньку прокусила
И кусочек проглотила...
Вдруг она, моя душа,
Пошатнулась не дыша,
Белы руки опустила,
Плод румяный уронила,
Закатилися глаза,
И она под образа
Головой на лавку пала
И тиха, недвижна стала...

Братья в ту пору домой
Возвращалися толпой
С молодецкого разбоя.
Им навстречу, грозно воя,
Пёс бежит и ко двору
Путь им кажет. «Не к добру! —
Братья молвили, — печали
Не минуем». Прискакали,
Входят, ахнули. Вбежав,
Пёс на яблоко стремглав
С лаем кинулся, озлился,
Проглотил его, свалился
И издох. Напоено
Было ядом, знать, оно.
Перед мёртвою царевной
Братья в горести душевной
Все поникли головой
И с молитвою святой
С лавки подняли, одели,
Хоронить её хотели
И раздумали. Она,
Как под крылышком у сна,

Так тиха, свежа лежала,
Что лишь только не дышала.
Ждали три дня, но она
Не восстала ото сна.
Сотворив обряд печальный,
Вот они во гроб хрустальный
Труп царевны молодой
Положили — и толпой
Понесли в пустую гору,
И в полуночную пору

Гроб её к шести столбам
На цепях чугунных там
Осторожно привинтили
И решёткой оградили;
И, пред мёртвою сестрой
Сотворив поклон земной,
Старший молвил: «Спи во гробе;
Вдруг погасла, жертвой злобе,
На земле твоя краса;
Дух твой примут небеса.
Нами ты была любима
И для милого хранима —
Не досталась никому,
Только гробу одному».

В тот же день царица злая,
Доброй вести ожидая,
Втайне зеркальце взяла
И вопрос свой задала:
«Я ль, скажи мне, всех милее,
Всех румяней и белее?»
И услышала в ответ:
«Ты, царица, спору нет,
Ты на свете всех милее,
Всех румяней и белее».

За невестою своей
Королевич Елисей
Между тем по свету скачет.
Нет как нет! Он горько плачет,
И кого ни спросит он,
Всем вопрос его мудрён;

Кто в глаза ему смеётся,
Кто скорее отвернётся;
К красну солнцу наконец
Обратился молодец.
«Свет наш солнышко! ты ходишь
Круглый год по небу, сводишь
Зиму с тёплою весной,
Всех нас видишь под собой.
Аль откажешь мне в ответе?
Не видало ль где на свете

Ты царевны молодой?
Я жених ей». — «Свет ты мой, —
Красно солнце отвечало, —
Я царевны не видало.
Знать, её в живых уж нет.
Разве месяц, мой сосед,
Где-нибудь её да встретил
Или след её заметил».

Тёмной ночки Елисей
Дождался в тоске своей.
Только месяц показался,
Он за ним с мольбой погнался.
«Месяц, месяц, мой дружок,
Позолоченный рожок!
Ты встаёшь во тьме глубокой,
Круглолицый, светлоокий,
И, обычай твой любя,
Звёзды смотрят на тебя.
Аль откажешь мне в ответе?
Не видал ли где на свете
Ты царевны молодой?
Я жених ей». — «Братец мой, —
Отвечает месяц ясный, —
Не видал я девы красной.
На сторóже я стою
Только в очередь мою.
Без меня царевна, видно,
Пробежала». — «Как обидно!» —
Королевич отвечал.
Ясный месяц продолжал:
«Погоди; об ней, быть может,
Ветер знает. Он поможет.

Ты к нему теперь ступай,
Не печалься же, прощай».

Елисей, не унывая,
К ветру кинулся, взывая:
«Ветер, ветер! Ты могуч,
Ты гоняешь стаи туч,

Ты волнуешь сине море,
Всюду веешь на просторе,
Не боишься никого,
Кроме бога одного.
Аль откажешь мне в ответе?
Не видал ли где на свете
Ты царевны молодой?
Я жених её». — «Постой, —
Отвечает ветер буйный, —
Там за речкой тихоструйной
Есть высокая гора,
В ней глубокая нора;
В той норе, во тьме печальной,
Гроб качается хрустальный
На цепях между столбов.
Не видать ничьих следов
Вкруг того пустого места;
В том гробу твоя невеста».

Ветер дале побежал.
Королевич зарыдал
И пошёл к пустому месту
На прекрасную невесту
Посмотреть ещё хоть раз.
Вот идёт; и поднялась
Перед ним гора крутая;
Вкруг неё страна пустая;
Под горою тёмный вход.
Он туда скорей идёт.
Перед ним, во мгле печальной,
Гроб качается хрустальный,
И в хрустальном гробе том
Спит царевна вечным сном.

И о гроб невесты милой
Он ударился всей силой.
Гроб разбился. Дева вдруг
Ожила. Глядит вокруг
Изумлёнными глазами,
И, качаясь над цепями,
Привздохнув, произнесла:
«Как же долго я спала!»
И встаёт она из гроба...
Ах!.. и зарыдали оба.

В руки он её берёт
И на свет из тьмы несёт,
И, беседуя приятно,
В путь пускаются обратно,
И трубит уже молва:
Дочка царская жива!

Дома в ту пору без дела
Злая мачеха сидела
Перед зеркальцем своим
И беседовала с ним,
Говоря: «Я ль всех милее,
Всех румяней и белее?»
И услышала в ответ:
«Ты прекрасна, слова нет,
Но царевна всё ж милее,
Всё румяней и белее».
Злая мачеха, вскочив,
Об пол зеркальце разбив,
В двери прямо побежала
И царевну повстречала.
Тут её тоска взяла,
И царица умерла.
Лишь её похоронили,
Свадьбу тотчас учинили,
И с невестою своей
Обвенчался Елисей;
И никто с начала мира
Не видал такого пира;
Я там был, мёд, пиво пил,
Да усы лишь обмочил.

# П.П. Ершов
# Конёк-Горбунок

# ЧАСТЬ ПЕРВАЯ

## *Начинает сказка сказываться...*

За горами, за лесами,
За широкими морями,
Не на небе — на земле
Жил старик в одном селе.
У старинушки три сына:
Старший умный был детина,
Средний сын и так и сяк,
Младший вовсе был дурак.
Братья сеяли пшеницу
Да возили в град-столицу:
Знать, столица та была
Недалече от села.
Там пшеницу продавали,
Деньги счётом принимали
И с набитою сумой
Возвращалися домой.

В долгом времени аль вскоре
Приключилося им горе:
Кто-то в поле стал ходить
И пшеницу шевелить*.
Мужички такой печали
Отродяся не видали;
Стали думать да гадать —
Как бы вора соглядать;
Наконец себе смекнули,
Чтоб стоять на карауле,
Хлеб ночами поберечь,
Злого вора подстеречь.

Вот, как стало лишь смеркаться,
Начал старший брат сбираться:

Вынул вилы и топор
И отправился в дозор.
Ночь ненастная настала,
На него боязнь напала,
И со страхов наш мужик
Закопался под сенник.
Ночь проходит, день приходит;
С сенника дозорный сходит
И, облив себя водой,
Стал стучаться под избой:
«Эй вы, сонные тетери!
Отпирайте брату двери,
Под дождём я весь промок
С головы до самых ног».
Братья двери отворили,
Караульщика впустили,
Стали спрашивать его:
Не видал ли он чего?
Караульщик помолился,
Вправо, влево поклонился
И, прокашлявшись, сказал:
«Всю я ноченьку не спал;
На моё ж притом несчастье,
Было страшное ненастье:
Дождь вот так ливмя и лил,
Рубашонку всю смочил.
Уж куда как было скучно!..
Впрочем, всё благополучно».
Похвалил его отец:
«Ты, Данило, молодец!
Ты вот, так сказать, примерно,
Сослужил мне службу верно,

То есть, будучи при всём,
Не ударил в грязь лицом».

Стало сызнова смеркаться;
Средний брат пошёл сбираться:
Взял и вилы и топор
И отправился в дозор.

Ночь холодная настала,
Дрожь на малого напала,
Зубы начали плясать;
Он ударился бежать —
И всю ночь ходил дозором
У соседки под забором.
Жутко было молодцу!
Но вот утро. Он к крыльцу:
«Эй вы, сони! Что вы спите!
Брату двери отоприте;
Ночью страшный был мороз, —
До животиков промёрз».
Братья двери отворили,
Караульщика впустили,
Стали спрашивать его:
Не видал ли он чего?
Караульщик помолился,
Вправо, влево поклонился
И сквозь зубы отвечал:
«Всю я ноченьку не спал,
Да, к моей судьбе несчастной,
Ночью холод был ужасный,
До сердцов меня пробрал;
Всю я ночку проскакал;
Слишком было несподручно...
Впрочем, всё благополучно».
И ему сказал отец:
«Ты, Гаврило, молодец!»

Стало в третий раз смеркаться,
Надо младшему сбираться;
Он и усом не ведёт,
На печи в углу поёт

Изо всей дурацкой мочи:
«Распрекрасные вы очи!»
Братья ну ему пенять*,
Стали в поле погонять,
Но сколь долго ни кричали,
Только голос потеряли:
Он ни с места. Наконец
Подошёл к нему отец,
Говорит ему: «Послушай,
Побегай в дозор, Ванюша.
Я куплю тебе лубков*,
Дам гороху и бобов».
Тут Иван с печи слезает,
Малахай* свой надевает,
Хлеб за пазуху кладёт,
Караул держать идёт.

Ночь настала, месяц всходит;
Поле всё Иван обходит,
Озираючись кругом,
И садится под кустом;
Звёзды на небе считает
Да краюшку уплетает.
Вдруг о полночь конь заржал...
Караульщик наш привстал,
Посмотрел под рукавицу
И увидел кобылицу.
Кобылица та была
Вся, как зимний снег, бела,
Грива в землю, золотая,
В мелки кольца завитая.
«Эхе-хе! так вот какой
Наш воришко!.. Но, постой,

Я шутить ведь не умею,
Разом сяду те на шею.
Вишь, какая саранча!»
И, минуту улуча,

К кобылице подбегает,
За волнистый хвост хватает
И прыгнул к ней на хребёт —
Только задом наперёд.
Кобылица молодая,
Очью бешено сверкая,
Змеем голову свила
И пустилась, как стрела.

Вьётся кругом над полями,
Виснет пластью надо рвами,
Мчится скоком по горам,
Ходит дыбом по лесам,
Хочет силой аль обманом,
Лишь бы справиться с Иваном.
Но Иван и сам не прост —
Крепко держится за хвост.

Наконец она устала.
«Ну, Иван, — ему сказала, —
Коль умел ты усидеть,
Так тебе мной и владеть.
Дай мне место для покою
Да ухаживай за мною
Сколько смыслишь. Да смотри:
По три утренни зари
Выпущай меня на волю
Погулять по чисту полю.
По исходе же трёх дней
Двух рожу тебе коней —
Да таких, каких поныне
Не бывало и в помине;
Да ещё рожу конька
Ростом только в три вершка,
На спине с двумя горбами
Да с аршинными ушами.
Двух коней, коль хошь, продай,
Но конька не отдавай
Ни за пояс, ни за шапку,
Ни за чёрную, слышь, бабку*.
На земле и под землёй
Он товарищ будет твой:

Он зимой тебя согреет,
Летом холодом обвеет,
В голод хлебом угостит,
В жажду мёдом напоит.
Я же снова выйду в поле
Силы пробовать на воле».

«Ладно», — думает Иван
И в пастуший балаган\*
Кобылицу загоняет,
Дверь рогожей закрывает
И, лишь только рассвело,
Отправляется в село,
Напевая громко песню:
«Ходил молодец на Пресню».
Вот он всходит на крыльцо,
Вот хватает за кольцо,
Что есть силы в дверь стучится,
Чуть что кровля не валится,
И кричит на весь базар,
Словно сделался пожар.
Братья с лавок поскакали,
Заикаяся вскричали:
«Кто стучится сильно так?» —
«Это я, Иван-дурак!»
Братья двери отворили,
Дурака в избу впустили
И давай его ругать, —
Как он смел их так пугать!
А Иван наш, не снимая
Ни лаптей, ни малахая,
Отправляется на печь
И ведёт оттуда речь

Про ночное похожденье,
Всем ушам на удивленье:
«Всю я ноченьку не спал,
Звёзды на небе считал;
Месяц, ровно, тоже светил, —
Я порядком не приметил.

Вдруг приходит дьявол сам,
С бородою и с усам;
Рожа словно как у кошки,
А глаза-то — что те плошки!
Вот и стал тот чёрт скакать
И зерно хвостом сбивать.
Я шутить ведь не умею —
И вскочи ему на шею.
Уж таскал же он, таскал,
Чуть башки мне не сломал,
Но и я ведь сам не промах,
Слышь, держал его как в жомах*.
Бился, бился мой хитрец
И взмолился наконец:
«Не губи меня со света!
Целый год тебе за это
Обещаюсь смирно жить,
Православных не мутить».
Я, слышь, слов-то не померил,
Да чертёнку и поверил».
Тут рассказчик замолчал,
Позевнул и задремал.
Братья, сколько ни серчали,
Не смогли — захохотали,
Ухватившись под бока,
Над рассказом дурака.
Сам старик не мог сдержаться,
Чтоб до слёз не посмеяться,
Хоть смеяться — так оно
Старикам уж и грешно.

Много ль времени аль мало
С этой ночи пробежало, —

Я про это ничего
Не слыхал ни от кого.
Ну, да что нам в том за дело,
Год ли, два ли пролетело, —
Ведь за ними не бежать...
Станем сказку продолжать.

Ну-с, так вот что! Раз Данило
(В праздник, помнится, то было),
Натянувшись зельно* пьян,
Затащился в балаган.
Что ж он видит? — Прекрасивых
Двух коней золотогривых
Да игрушечку-конька
Ростом только в три вершка,
На спине с двумя горбами
Да с аршинными ушами.
«Хм! Теперь-то я узнал,
Для чего здесь дурень спал!» —
Говорит себе Данило...
Чудо разом хмель посбило;
Вот Данило в дом бежит
И Гавриле говорит:
«Посмотри, каких красивых
Двух коней золотогривых
Наш дурак себе достал:
Ты и слыхом не слыхал».
И Данило да Гаврило,
Что в ногах их мочи было,
По крапиве прямиком
Так и дуют босиком.

Спотыкнувшися три раза,
Починивши оба глаза,
Потирая здесь и там,
Входят братья к двум коням.
Кони ржали и храпели,
Очи яхонтом горели;
В мелки кольца завитой,
Хвост струился золотой,

И алмазные копыты
Крупным жемчугом обиты.
Любо-дорого смотреть!
Лишь царю б на них сидеть!
Братья так на них смотрели,
Что чуть-чуть не окривели.
«Где он это их достал? —
Старший среднему сказал. —

Но давно уж речь ведётся,
Что лишь дурням клад даётся,
Ты ж хоть лоб себе разбей,
Так не выбьешь двух рублей.
Ну, Гаврило, в ту седмицу\*
Отведём-ка их в столицу;
Там боярам продадим,
Деньги ровно поделим.
А с деньжонками, сам знаешь,
И попьёшь и погуляешь,
Только хлопни по мешку.
А благому дураку
Недостанет ведь догадки,
Где гостят его лошадки;
Пусть их ищет там и сям.
Ну, приятель, по рукам!»
Братья разом согласились,
Обнялись, перекрестились
И вернулися домой,
Говоря промеж собой
Про коней и про пирушку
И про чудную зверушку.

Время катит чередом,
Час за часом, день за днём.
И на первую седмицу
Братья едут в град-столицу,
Чтоб товар свой там продать
И на пристани узнать,
Не пришли ли с кораблями
Немцы в город за холстами
И нейдёт ли царь Салтан
Басурманить христиан.

Вот иконам помолились,
У отца благословились,
Взяли двух коней тайком
И отправились тишком.

Вечер к ночи пробирался;
На ночлег Иван собрался;
Вдоль по улице идёт,
Ест краюшку да поёт.
Вот он поля достигает,
Руки в боки подпирает
И с прискочкой, словно пан,
Боком входит в балаган.
Всё по-прежнему стояло,
Но коней как не бывало;
Лишь игрушка-горбунок
У его вертелся ног,
Хлопал с радости ушами
Да приплясывал ногами.
Как завоет тут Иван,
Опершись о балаган:
«Ой вы, кони буры-сивы,
Добры кони златогривы!
Я ль вас, други, не ласкал,
Да какой вас чёрт украл?
Чтоб пропасть ему, собаке!
Чтоб издохнуть в буераке*!
Чтоб ему на том свету
Провалиться на мосту!
Ой вы, кони буры-сивы,
Добры кони златогривы!»

Тут конёк ему заржал.
«Не тужи, Иван, — сказал, —
Велика беда, не спорю,
Но могу помочь я горю.
Ты на чёрта не клепли:
Братья коников свели.
Ну, да что болтать пустое,
Будь, Иванушка, в покое.
На меня скорей садись,
Только знай себе держись;
Я хоть росту небольшого,
Да сменю коня другого:
Как пущусь да побегу,
Так и беса настигу».

Тут конёк пред ним ложится;
На конька Иван садится,
Уши в загреби* берёт,
Что есть мочушки ревёт.
Горбунок-конёк встряхнулся,
Встал на лапки, встрепенулся,
Хлопнул гривкой, захрапел
И стрелою полетел;
Только пыльными клубами
Вихорь вился под ногами.
И в два мига, коль не в миг,
Наш Иван воров настиг.

Братья, то есть, испугались,
Зачесались и замялись.
А Иван им стал кричать:
«Стыдно, братья, воровать!

Хоть Ивана вы умнее,
Да Иван-то вас честнее:
Он у вас коней не крал».
Старший, корчась, тут сказал:
«Дорогой наш брат Иваша,
Что переться\* — дело наше!
Но возьми же ты в расчёт
Некорыстный наш живот\*.
Сколь пшеницы мы ни сеем,
Чуть насущный хлеб имеем.
А коли неурожай,
Так хоть в петлю полезай!
Вот в такой большой печали
Мы с Гаврилой толковали
Всю намеднишнюю ночь —
Чем бы горюшку помочь?
Так и этак мы вершили,
Наконец вот так решили:
Чтоб продать твоих коньков
Хоть за тысячу рублёв.
А в спасибо, молвить к слову,
Привезти тебе обнову —
Красну шапку с позвонком
Да сапожки с каблучком.
Да к тому ж старик неможет\*,
Работать уже не может;
А ведь надо ж мыкать век, —
Сам ты умный человек!» —
«Ну, коль этак, так ступайте, —
Говорит Иван, — продайте
Златогривых два коня,
Да возьмите ж и меня».

Братья больно покосились,
Да нельзя же! согласились.

Стало на небе темнеть;
Воздух начал холодеть;
Вот, чтоб им не заблудиться,
Решено остановиться.
Под навесами ветвей
Привязали всех коней,
Принесли с естным* лукошко,
Опохмелились немножко
И пошли, что боже даст,
Кто во что из них горазд.

Вот Данило вдруг приметил,
Что огонь вдали засветил.
На Гаврилу он взглянул,
Левым глазом подмигнул
И прикашлянул легонько,
Указав огонь тихонько;
Тут в затылке почесал,
«Эх, как тёмно! — он сказал. —
Хоть бы месяц этак в шутку
К нам проглянул на минутку,
Всё бы легче. А теперь,
Право, хуже мы тетерь...
Да постой-ка... мне сдаётся,
Что дымок там светлый вьётся...
Видишь, эвон!.. Так и есть!..
Вот бы курево* развесть!
Чудо было б!.. А послушай,
Побегай-ка, брат Ванюша!

А, признаться, у меня
Ни огнива, ни кремня».
Сам же думает Данило:
«Чтоб тебя там задавило!»
А Гаврило говорит:
«Кто-петь\* знает, что горит!
Коль станичники\* пристали, —
Поминай его, как звали!»

Всё пустяк для дурака.
Он садится на конька,
Бьёт в круты бока ногами,
Теребит его руками,
Изо всех горланит сил...
Конь взвился, и след простыл.
«Буди с нами крестна сила! —
Закричал тогда Гаврило,
Оградясь крестом святым. —
Что за бес такой под ним!»

Огонёк горит светлее,
Горбунок бежит скорее.
Вот уж он перед огнём.
Светит поле словно днём;
Чудный свет кругом струится,
Но не греет, не дымится.
Диву дался тут Иван.
«Что, — сказал он, — за шайтан!
Шапок с пять найдётся свету,
А тепла и дыму нету;
Эко чудо-огонёк!»
Говорит ему конёк:

«Вот уж есть чему дивиться!
Тут лежит перо Жар-птицы,
Но для счастья своего
Не бери себе его.
Много, много непокою
Принесёт оно с собою». —

«Говори ты! Как не так!» —
Про себя ворчит дурак;
И, подняв перо Жар-птицы,
Завернул его в тряпицы,
Тряпки в шапку положил
И конька поворотил.
Вот он к братьям приезжает
И на спрос их отвечает:
«Как туда я доскакал,
Пень горелый увидал;
Уж над ним я бился, бился,
Так что чуть не надсадился;
Раздувал его я с час —
Нет ведь, чёрт возьми, угас!»
Братья целу ночь не спали,
Над Иваном хохотали;
А Иван под воз присел,
Вплоть до утра прохрапел.

Тут коней они впрягали
И в столицу приезжали,
Становились в конный ряд,
Супротив больших палат.
В той столице был обычай:
Коль не скажет городничий* —
Ничего не покупать,
Ничего не продавать.
Вот обедня наступает;
Городничий выезжает
В туфлях, в шапке меховой,
С сотней стражи городской.
Рядом едет с ним глашатый,
Длинноусый, бородатый;

Он в злату трубу трубит,
Громким голосом кричит:
«Гости\*! Лавки отпирайте,
Покупайте, продавайте.
А надсмотрщикам сидеть
Подле лавок и смотреть,
Чтобы не было содому,
Ни давёжа\*, ни погрому,
И чтобы никой урод
Не обманывал народ!»
Гости лавки отпирают,
Люд крещёный закликают:

«Эй, честные господа,
К нам пожалуйте сюда!
Как у нас ли тары-бары,
Всяки разные товары!»
Покупальщики идут,
У гостей товар берут;
Гости денежки считают
Да надсмотрщикам мигают.

Между тем градской отряд
Приезжает в конный ряд;
Смотрит — давка от народу.
Нет ни выходу ни входу;

Так кишмя вот и кишат,
И смеются, и кричат.
Городничий удивился,
Что народ развеселился,
И приказ отряду дал,
Чтоб дорогу прочищал.
«Эй! вы, черти босоноги!
Прочь с дороги! прочь с дороги!»
Закричали усачи
И ударили в бичи.
Тут народ зашевелился,
Шапки снял и расступился.

Пред глазами конный ряд;
Два коня в ряду стоят,
Молодые, вороные,
Вьются гривы золотые,
В мелки кольца завитой,
Хвост струится золотой...
Наш старик, сколь ни был пылок,
Долго тёр себе затылок.
«Чуден, — молвил, — божий свет,
Уж каких чудес в нём нет!»
Весь отряд тут поклонился,
Мудрой речи подивился.
Городничий между тем
Наказал престрого всем,
Чтоб коней не покупали,
Не зевали, не кричали;
Что он едет ко двору
Доложить о всём царю.
И, оставив часть отряда,
Он поехал для доклада.

Приезжает во дворец.
«Ты помилуй, царь-отец! —
Городничий восклицает
И всем телом упадает. —
Не вели меня казнить,
Прикажи мне говорить!»
Царь изволил молвить: «Ладно,
Говори, да только складно». —

«Как умею, расскажу:
Городничим я служу;
Верой-правдой исправляю
Эту должность...» — «Знаю, знаю!» —
«Вот сегодня, взяв отряд,
Я поехал в конный ряд.
Приезжаю — тьма народу!
Ну, ни выходу ни входу.
Что тут делать?.. Приказал
Гнать народ, чтоб не мешал.
Так и сталось, царь-надёжа!
И поехал я — и что же?
Предо мною конный ряд;
Два коня в ряду стоят,
Молодые, вороные,
Вьются гривы золотые,
В мелки кольца завитой,
Хвост струится золотой,
И алмазные копыты
Крупным жемчугом обиты».
Царь не мог тут усидеть.
«Надо коней поглядеть, —
Говорит он, — да не худо
И завесть такое чудо.
Гей, повозку мне!» И вот
Уж повозка у ворот.
Царь умылся, нарядился
И на рынок покатился;
За царём стрельцов* отряд.

Вот он въехал в конный ряд.
На колени все тут пали
И «ура» царю кричали.

Царь раскланялся и вмиг
Молодцом с повозки прыг...
Глаз своих с коней не сводит,
Справа, слева к ним заходит,
Словом ласковым зовёт,
По спине их тихо бьёт,
Треплет шею их крутую,
Гладит гриву золотую,
И, довольно засмотрясь,
Он спросил, оборотясь
К окружавшим: «Эй, ребята!
Чьи такие жеребята?
Кто хозяин?» Тут Иван,
Руки в боки, словно пан,
Из-за братьев выступает
И, надувшись, отвечает:
«Эта пара, царь, моя,
И хозяин — тоже я». —
«Ну, я пару покупаю!
Продаёшь ты?» — «Нет, меняю». —
«Что в промен берёшь добра?» —
«Два-пять шапок серебра». —
«То есть, это будет десять».
Царь тотчас велел отвесить
И, по милости своей,
Дал в прибавок пять рублей.
Царь-то был великодушный!

Повели коней в конюшни
Десять конюхов седых,
Все в нашивках золотых,
Все с цветными кушаками
И с сафьянными бичами.

Но дорогой, как на смех,
Кони с ног их сбили всех,
Все уздечки разорвали
И к Ивану прибежали.

Царь отправился назад,
Говорит ему: «Ну, брат,
Пара нашим не даётся;
Делать нечего, придётся

Во дворце тебе служить.
Будешь в золоте ходить,
В красно платье* наряжаться,
Словно в масле сыр кататься,
Всю конюшенну мою
Я в приказ тебе даю*,
Царско слово в том порука.
Что, согласен?» — «Эка штука!

Во дворце я буду жить,
Буду в золоте ходить,
В красно платье наряжаться,
Словно в масле сыр кататься,
Весь конюшенный завод
Царь в приказ мне отдаёт;

То есть, я из огорода
Стану царский воевода.
Чудно дело! Так и быть,
Стану, царь, тебе служить.
Только, чур, со мной не драться
И давать мне высыпаться,
А не то я был таков!»

Тут он кликнул скакунов
И пошёл вдоль по столице,
Сам махая рукавицей,
И под песню дурака
Кони пляшут трепака;
А конёк его — горбатко —
Так и ломится вприсядку,
К удивленью людям всем.

Два же брата между тем
Деньги царски получили,
В опояски их зашили,
Постучали ендовой*
И отправились домой.
Дома дружно поделились,
Оба враз они женились,
Стали жить да поживать
Да Ивана поминать.

Но теперь мы их оставим,
Снова сказкой позабавим
Православных христиан,
Что наделал наш Иван,
Находясь во службе царской,
При конюшне государской;

Как в суседки* он попал,
Как перо своё проспал,
Как хитро поймал Жар-птицу,
Как похитил Царь-девицу,
Как он ездил за кольцом,
Как был на небе послом,
Как он в солнцевом селенье
Киту выпросил прощенье;
Как, к числу других затей,
Спас он тридцать кораблей;
Как в котлах он не сварился,
Как красавцем учинился*;
Словом: наша речь о том,
Как он сделался царём.

# ЧАСТЬ ВТОРАЯ

*Скоро сказка сказывается,*
*А не скоро дело делается.*

Зачинается рассказ
От Ивановых проказ,
И от сивка, и от бурка,
И от вещего коурка.
Козы на море ушли;
Горы лесом поросли;
Конь с златой узды срывался,
Прямо к солнцу поднимался;
Лес стоячий под ногой,
Сбоку облак громовой;
Ходит облак и сверкает,
Гром по небу рассыпает.
Это присказка: пожди,
Сказка будет впереди.
Как на море-окияне
И на острове Буяне
Новый гроб в лесу стоит,
В гробе девица лежит;
Соловей над гробом свищет;
Чёрный зверь в дубраве рыщет,
Это присказка, а вот —
Сказка чередом пойдёт.

Ну, так видите ль, миряне,
Православны христиане,
Наш удалый молодец
Затесался во дворец;
При конюшне царской служит
И писколько не потужит
Он о братьях, об отце
В государевом дворце.
Да и что ему до братьев?
У Ивана красных платьев,

Красных шапок, сапогов
Чуть не десять коробов;
Ест он сладко, спит он столько,
Что раздолье, да и только!

Вот неделей через пять
Начал спальник* примечать...
Надо молвить, этот спальник
До Ивана был начальник
Над конюшней надо всей,
Из боярских слыл детей;
Так не диво, что он злился
На Ивана и божился,
Хоть пропасть, а пришлеца
Потурить вон из дворца.
Но, лукавство сокрывая,
Он для всякого случая
Притворился, плут, глухим,
Близоруким и немым;
Сам же думает: «Постой-ка,
Я те двину, неумойка!»

Так неделей через пять
Спальник начал примечать,
Что Иван коней не холит,
И не чистит, и не школит;
Но при всём том два коня
Словно лишь из-под гребня:
Чисто-начисто обмыты,
Гривы в косы перевиты,
Чёлки собраны в пучок,
Шерсть — ну, лоснится, как шёлк;
В стойлах — свежая пшеница,
Словно тут же и родится,
И в чанах больших сыта*
Будто только налита.
«Что за притча* тут такая? —
Спальник думает вздыхая. —

Уж не ходит ли, постой,
К нам проказник-домовой?
Дай-ка я подкараулю,
А нешто, так я и пулю,
Не смигнув, умею слить\*, —
Лишь бы дурня уходить.
Донесу я в думе царской,
Что конюший государской —
Басурманин, ворожей,
Чернокнижник и злодей;
Что он с бесом хлеб-соль водит,
В церковь божию не ходит,
Католицкий держит крест
И постами мясо ест».

В тот же вечер этот спальник,
Прежний конюших начальник,
В стойлы спрятался тайком
И обсыпался овсом.

Вот и полночь наступила.
У него в груди заныло:
Он ни жив ни мёртв лежит,
Сам молитвы всё творит.
Ждёт суседки… Чу! в сам-деле,
Двери глухо заскрыпели,
Кони топнули, и вот
Входит старый коновод.
Дверь задвижкой запирает,
Шапку бережно скидает,
На окно её кладёт
И из шапки той берёт

В три завёрнутый тряпицы
Царский клад — перо Жар-птицы.
Свет такой тут заблистал,
Что чуть спальник не вскричал,

И от страху так забился,
Что овёс с него свалился.
Но суседке невдомек!
Он кладёт перо в сусек*,
Чистить коней начинает,
Умывает, убирает,
Гривы длинные плетёт,
Разны песенки поёт.
А меж тем, свернувшись клубом,
Поколачивая зубом,
Смотрит спальник, чуть живой,
Что тут деет домовой.
Что за бес! Нешто нарочно
Прирядился плут полночный:
Нет рогов, ни бороды,
Ражий* парень, хоть куды!
Волос гладкий, сбоку ленты,
На рубашке прозументы*,
Сапоги как ал сафьян, —
Ну, точнёхонько Иван.
Что за диво? Смотрит снова
Наш глазей* на домового...
«Э! так вот что! — наконец
Проворчал себе хитрец, —
Ладно, завтра ж царь узнает,
Что твой глупый ум скрывает.
Подожди лишь только дня,
Будешь помнить ты меня!»
А Иван, совсем не зная,
Что ему беда такая
Угрожает, всё плетёт
Гривы в косы да поёт.

А убрав их, в оба чана
Нацедил сыты медвяной
И насыпал дополна
Белоярова пшена.
Тут, зевнув, перо Жар-птицы
Завернул опять в тряпицы,

Шапку под ухо — и лёг
У коней близ задних ног.

Только начало зориться,
Спальник начал шевелиться,
И, услыша, что Иван
Так храпит, как Еруслан*,
Он тихонько вниз слезает
И к Ивану подползает,
Пальцы в шапку запустил,
Хвать перо — и след простыл.

Царь лишь только пробудился,
Спальник наш к нему явился,
Стукнул крепко об пол лбом
И запел царю потом:
«Я с повинной головою,
Царь, явился пред тобою,
Не вели меня казнить,
Прикажи мне говорить». —
«Говори, не прибавляя, —
Царь сказал ему зевая.
Если ж ты да будешь врать,
То кнута не миновать».
Спальник наш, собравшись с силой,
Говорит царю: «Помилуй!
Вот те истинный Христос,
Справедлив мой, царь, донос.
Наш Иван, то всякий знает,
От тебя, отец, скрывает,
Но не злато, не сребро —
Жароптицево перо...» —

«Жароптицево?.. Проклятый!
И он смел такой богатый...
Погоди же ты, злодей!
Не минуешь ты плетей!..» —
«Да и то ль ещё он знает! —
Спальник тихо продолжает,

Изогнувшися. — Добро!
Пусть имел бы он перо;
Да и самую Жар-птицу
Во твою, отец, светлицу,
Коль приказ изволишь дать,
Похваляется достать».
И доносчик с этим словом,
Скрючась обручем таловым*,
Ко кровати подошёл,
Подал клад — и снова в пол.

Царь смотрел и дивовался,
Гладил бороду, смеялся
И скусил пера конец.
Тут, уклав его в ларец,
Закричал (от нетерпенья),
Подтвердив своё веленье
Быстрым взмахом кулака:
«Гей! позвать мне дурака!»

И посыльные дворяна
Побежали по Ивана,
Но, столкнувшись все в углу,
Растянулись на полу.
Царь тем много любовался
И до колотья смеялся.
А дворяна, усмотря,
Что смешно то для царя,
Меж собой перемигнулись
И вдругорядь* растянулись.
Царь тем так доволен был,
Что их шапкой наградил.

Тут посыльные дворяна
Вновь пустились звать Ивана
И на этот уже раз
Обошлися без проказ.

Вот к конюшне прибегают,
Двери настежь отворяют
И ногами дурака
Ну толкать во все бока.
С полчаса над ним возились,
Но его не добудились.
Наконец уж рядовой
Разбудил его метлой.

«Что за челядь\* тут такая? —
Говорит Иван, вставая. —
Как хвачу я вас бичом,
Так не станете потом
Без пути будить Ивана».
Говорят ему дворяна:
«Царь изволил приказать
Нам тебя к нему позвать». —
«Царь?.. Ну ладно! Вот сряжуся
И тотчас к нему явлюся», —
Говорит послам Иван.
Тут надел он свой кафтан,
Опояской подвязался,
Приумылся, причесался,
Кнут свой сбоку прицепил,
Словно утица поплыл.

Вот Иван к царю явился,
Поклонился, подбодрился,
Крякнул дважды и спросил:
«А пошто меня будил?»
Царь, прищурясь глазом левым,
Закричал к нему со гневом,

Приподнявшися: «Молчать!
Ты мне должен отвечать:
В силу коего указа
Скрыл от нашего ты глаза
Наше царское добро —
Жароптицево перо?

Что я — царь али боярин?
Отвечай сейчас, татарин!»
Тут Иван, махнув рукой,
Говорит царю: «Постой!
Я те шапки ровно не дал,
Как же ты о том проведал?
Что ты — ажно* ты пророк?
Ну, да что, сади в острог*,
Прикажи сейчас хоть в палки —
Нет пера, да и шабалки*!..» —
«Отвечай же! запорю!..» —
«Я те толком говорю:
Нет пера! Да, слышь, откуда
Мне достать такое чудо?»
Царь с кровати тут вскочил
И ларец с пером открыл.
«Что? Ты смел ещё переться?
Да уж нет, не отвертеться!
Это что? А?» Тут Иван
Задрожал, как лист в буран,
Шапку выронил с испуга.
«Что, приятель, видно, туго? —
Молвил царь. — Постой-ка, брат!..» —
«Ох, помилуй, виноват!
Отпусти вину Ивану,
Я вперёд уж врать не стану».
И, закутавшись в полу,
Растянулся на полу.
«Ну, для первого случаю
Я вину тебе прощаю, —
Царь Ивану говорит. —
Я, помилуй бог, сердит!

И с сердцов иной порою
Чуб сниму и с головою.
Так вот, видишь, я каков!
Но, сказать без дальних слов,
Я узнал, что ты Жар-птицу
В нашу царскую светлицу,
Если б вздумал приказать,
Похваляешься достать.
Ну, смотри ж, не отпирайся
И достать её старайся».
Тут Иван волчком вскочил.
«Я того не говорил! —
Закричал он, утираясь. —
О пере не запираюсь,
Но о птице, как ты хошь,
Ты напраслину ведёшь».
Царь, затрясши бородою:
«Что? Рядиться* мне с тобою! —
Закричал, он. — Но смотри,
Если ты недели в три
Не достанешь мне Жар-птицу
В нашу царскую светлицу,
То, клянуся бородой,
Ты поплатишься со мной:
На правёж — в решётку — на кол!
Вон, холоп!» Иван заплакал
И пошёл на сеновал,
Где конёк его лежал.

Горбунок, его почуя,
Дрягнул* было плясовую;
Но, как слёзы увидал,
Сам чуть-чуть не зарыдал.

«Что, Иванушка, невесел?
Что головушку повесил? —
Говорит ему конёк,
У его вертяся ног. —
Не утайся предо мною,
Всё скажи, что за душою.
Я помочь тебе готов.

Аль, мой милый, нездоров?
Аль попался к лиходею?»
Пал Иван к коньку на шею,
Обнимал и целовал.
«Ох, беда, конёк! — сказал. —
Царь велит достать Жар-птицу

В государскую светлицу.
Что мне делать, горбунок?»
Говорит ему конёк:
«Велика беда, не спорю;
Но могу помочь я горю.
Оттого беда твоя,
Что не слушался меня:
Помнишь, ехав в град-столицу,
Ты нашёл перо Жар-птицы;
Я сказал тебе тогда:
Не бери, Иван, — беда!
Много, много непокою
Принесёт оно с собою.
Вот теперя ты узнал,
Правду ль я тебе сказал.
Но, сказать тебе по дружбе,
Это — служишка, не служба;
Служба всё, брат, впереди.
Ты к царю теперь поди
И скажи ему открыто:
«Надо, царь, мне два корыта
Белоярова пшена*
Да заморского вина.
Да вели поторопиться:
Завтра, только зазорится*,
Мы отправимся в поход».

Вот Иван к царю идёт,
Говорит ему открыто:
«Надо, царь, мне два корыта
Белоярова пшена
Да заморского вина.

Да вели поторопиться:
Завтра, только зазорится,
Мы отправимся в поход».
Царь тотчас приказ даёт,
Чтоб посыльные дворяна
Всё сыскали для Ивана,
Молодцом его назвал
И «счастливый путь!» сказал.

На другой день, утром рано,
Разбудил конёк Ивана:
«Гей! Хозяин! Полно спать!
Время дело исправлять!»
Вот Иванушка поднялся,
В путь-дорожку собирался,
Взял корыта, и пшено,
И заморское вино;
Потеплее приоделся,
На коньке своём уселся,
Вынул хлеба ломоток
И поехал на восток —
Доставать тоё Жар-птицу.

Едут целую седмицу,
Напоследок, в день осьмой,
Приезжают в лес густой.
Тут сказал конёк Ивану:
«Ты увидишь здесь поляну;
На поляне той гора
Вся из чистого сребра;
Вот сюда-то до зарницы
Прилетают жары-птицы
Из ручья воды испить;
Тут и будем их ловить».
И, окончив речь к Ивану,
Выбегает на поляну.
Что за поле! Зелень тут
Словно камень-изумруд;
Ветерок над нею веет,
Так вот искорки и сеет;
А по зелени цветы
Несказанной красоты.

А на той ли на поляне,
Словно вал на океане,
Возвышается гора
Вся из чистого сребра.
Солнце летними лучами
Красит всю её зарями,

В сгибах золотом бежит,
На верхах свечой горит.

Вот конёк по косогору
Поднялся на эту гору,
Вёрсту, другу пробежал,
Устоялся и сказал:
«Скоро ночь, Иван, начнётся,
И тебе стеречь придётся.
Ну, в корыто лей вино
И с вином мешай пшено.
А чтоб быть тебе закрыту,
Ты под то подлезь корыто,
Втихомолку примечай,
Да, смотри же, не зевай.
До восхода, слышь, зарницы
Прилетят сюда жар-птицы
И начнут пшено клевать
Да по-своему кричать.
Ту, которая поближе,
И схвати её, смотри же!
А поймаешь птицу-жар,
И кричи на весь базар;
Я тотчас к тебе явлюся». —
«Ну, а если обожгуся? —
Говорит коньку Иван,
Расстилая свой кафтан. —
Рукавички взять придётся:
Чай, плутовка больно жгётся».
Тут конёк из глаз исчез,
А Иван, кряхтя, подлез
Под дубовое корыто
И лежит там как убитый.

Вот полночною порой
Свет разлился над горой, —
Будто полдни наступают:
Жары-птицы налетают;
Стали бегать и кричать
И пшено с вином клевать.
Наш Иван, от них закрытый,
Смотрит птиц из-под корыта
И толкует сам с собой,
Разводя вот так рукой:
«Тьфу ты, дьявольская сила!
Эк их, дряней, привалило!
Чай, их тут десятков с пять.
Кабы всех переимать*, —
То-то было бы поживы!
Неча молвить, страх красивы!
Ножки красные у всех;
А хвосты-то — сущий смех!
Чай, таких у куриц нету.
А уж сколько, парень, свету,
Словно батюшкина печь!»
И, скончав такую речь,
Сам с собою под лазейкой,
Наш Иван ужом да змейкой
Ко пшену с вином подполз, —
Хвать одну из птиц за хвост.
«Ой, Конёчек-горбуночек!
Прибегай скорей, дружочек!
Я ведь птицу-то поймал», —
Так Иван-дурак кричал.
Горбунок тотчас явился.
«Ай, хозяин, отличился! —

Говорит ему конёк. —
Ну, скорей её в мешок!
Да завязывай тужее;
А мешок привесь на шею.
Надо нам в обратный путь». —
«Нет, дай птиц-то мне пугнуть!

Говорит Иван. — Смотри-ка,
Вишь, надселися от крика!»
И, схвативши свой мешок,
Хлещет вдоль и поперёк.

Ярким пламенем сверкая,
Встрепенулася вся стая,
Кругом огненным свилась
И за тучи понеслась.
А Иван наш вслед за ними
Рукавицами своими
Так и машет и кричит,
Словно щёлоком облит.
Птицы в тучах потерялись;
Наши путники собрались,
Уложили царский клад
И вернулися назад.

Вот приехали в столицу.
«Что, достал ли ты Жар-птицу?» —
Царь Ивану говорит,
Сам на спальника глядит.
А уж тот, нешто от скуки,
Искусал себе все руки.
«Разумеется, достал», —
Наш Иван царю сказал.
«Где ж она?» — «Постой немножко,
Прикажи сперва окошко
В почивальне* затворить,
Знашь, чтоб темень сотворить».
Тут дворяна побежали
И окошко затворяли.
Вот Иван мешок на стол:
«Ну-ка, бабушка, пошёл!»
Свет такой тут вдруг разлился,
Что весь двор рукой закрылся.
Царь кричит на весь базар:
«Ахти, батюшки, пожар!

Эй, решёточных* сзывайте!
Заливайте! Заливайте!» —
«Это, слышь ты, не пожар,
Это свет от птицы-жар, —
Молвил ловчий, сам со смеху
Надрываяся. — Потеху

Я привёз те, осударь!»
Говорит Ивану царь:
«Вот люблю дружка Ванюшу!
Взвеселил мою ты душу,
И на радости такой —
Будь же царский стремянной*!»

Это видя, хитрый спальник,
Прежний конюших начальник,
Говорит себе под нос:
«Нет, постой, молокосос!
Не всегда тебе случится
Так канальски отличиться.
Я те снова подведу,
Мой дружочек, под беду!»

Через три потом недели
Вечерком одним сидели
В царской кухне повара
И служители двора;
Попивали мёд из жбана
Да читали Еруслана.
«Эх! — один слуга сказал, —
Как севодни я достал
От соседа чудо-книжку!
В ней страниц не так чтоб слишком,
Да и сказок только пять,
А уж сказки — вам сказать,
Так не можно надивиться;
Надо ж этак умудриться!»
Тут все в голос: «Удружи!
Расскажи, брат, расскажи!» —

«Ну, какую ж вы хотите?
Пять ведь сказок; вот смотрите:
Перва сказка *о бобре*,
А вторая *о царе*;
Третья... дай бог память... точно!
*О боярыне восточной*;

Вот в четвёртой: *князь Бобыл;*
В пятой... в пятой... эх, забыл!
В пятой сказке говорится...
Так в уме вот и вертится...» —
«Ну, да брось её!» — «Постой!» —
«О красотке, что ль, какой?» —
«Точно! В пятой говорится
*О прекрасной Царь-девице.*
Ну, которую ж, друзья,
Расскажу севодни я?» —
«Царь-девицу! — все кричали. —
О царях мы уж слыхали,
Нам красоток-то скорей!
Их и слушать веселей».
И слуга, усевшись важно,
Стал рассказывать протяжно:

«У далёких немских стран
Есть, ребята, окиян.
По тому ли окияну
Ездят только басурманы;
С православной же земли
Не бывали николи
Ни дворяне, ни миряне
На поганом окияне.
От гостей же слух идёт,
Что девица там живёт;
Но девица не простая,
Дочь, вишь, месяцу родная,
Да и солнышко ей брат.
Та девица, говорят,
Ездит в красном полушубке,
В золотой, ребята, шлюпке

И серебряным веслом
Самолично правит в нём;
Разны песни попевает
И на гусельцах играет...»

Спальник тут с полатей скок —
И со всех обеих ног
Во дворец к царю пустился
И как раз к нему явился;
Стукнул крепко об пол лбом
И запел царю потом:
«Я с повинной головою,
Царь, явился пред тобою,

Не вели меня казнить,
Прикажи мне говорить!» —
«Говори, да правду только,
И не ври, смотри, нисколько!» —
Царь с кровати закричал.
Хитрый спальник отвечал:
«Мы севодни в кухне были,
За твоё здоровье пили,
А один из дворских слуг
Нас забавил сказкой вслух;
В этой сказке говорится
О прекрасной Царь-девице.

Вот твой царский стремянной
Поклялся твоей брадой,
Что он знает эту птицу, —
Так он назвал Царь-девицу, —
И её, изволишь знать,
Похваляется достать».
Спальник стукнул об пол снова.
«Гей, позвать мне стремяннова!» —

Царь посыльным закричал.
Спальник тут за печку стал.
А посыльные дворяна
Побежали по Ивана;
В крепком сне его нашли
И в рубашке привели.

Царь так начал речь: «Послушай,
На тебя донос, Ванюша.
Говорят, что вот сейчас
Похвалялся ты для нас
Отыскать другую птицу,
Сиречь* молвить, Царь-девицу...» —
«Что ты, что ты, бог с тобой! —
Начал царский стремянной. —
Чай, с просонков, я толкую,
Штуку выкинул такую.
Да хитри себе как хошь,
А меня не проведёшь».
Царь, затрясши бородою:
«Что? Рядиться мне с тобою? —
Закричал он. — Но смотри,
Если ты недели в три
Не достанешь Царь-девицу
В нашу царскую светлицу,
То, клянуся бородой,
Ты поплатишься со мной!
На правёж — в решётку — на кол!
Вон, холоп!» Иван заплакал
И пошёл на сеновал,
Где конёк его лежал.

«Что, Иванушка, невесел?
Что головушку повесил? —
Говорит ему конёк. —
Аль, мой милый, занемог?
Аль попался к лиходею?»
Пал Иван к коньку на шею,
Обнимал и целовал.
«Ох, беда, конёк! — сказал. —
Царь велит в свою светлицу
Мне достать, слышь, Царь-девицу.
Что мне делать, горбунок?»
Говорит ему конёк:
«Велика беда, не спорю;
Но могу помочь я горю.
Оттого беда твоя,
Что не слушался меня.
Но, сказать тебе по дружбе,
Это — службишка, не служба;
Служба всё, брат, впереди!
Ты к царю теперь поди
И скажи: «Ведь для поимки
Надо, царь, мне две ширинки*,
Шитый золотом шатёр
Да обеденный прибор —
Весь заморского варенья —
И сластей для прохлажденья».

Вот Иван к царю идёт
И такую речь ведёт:
«Для царевниной поимки
Надо, царь, мне две ширинки,
Шитый золотом шатёр
Да обеденный прибор —

Весь заморского варенья —
И сластей для прохлажденья». —
«Вот давно бы так, чем нет», —
Царь с кровати дал ответ
И велел, чтобы дворяна
Всё сыскали для Ивана,
Молодцом его назвал
И «счастливый путь!» сказал.

На другой день, утром рано,
Разбудил конёк Ивана:
«Гей! Хозяин! Полно спать!
Время дело исправлять!»
Вот Иванушка поднялся,
В путь-дорожку собирался,
Взял ширинки и шатёр
Да обеденный прибор —
Весь заморского варенья —
И сластей для прохлажденья;
Всё в мешок дорожный склал
И верёвкой завязал,
Потеплее приоделся,
На коньке своём уселся;
Вынул хлеба ломоток
И поехал на восток
По тоё ли Царь-девицу.

Едут целую седмицу,
Напоследок, в день осьмой,
Приезжают в лес густой.
Тут сказал конёк Ивану:
«Вот дорога к окияну,

И на нём-то круглый год
Та красавица живёт;
Два раза она лишь сходит
С окияна и приводит
Долгий день на землю к нам.
Вот увидишь завтра сам».
И, окончив речь к Ивану,
Выбегает к окияну,
На котором белый вал
Одинёшенек гулял.
Тут Иван с конька слезает,
А конёк ему вещает:
«Ну, раскидывай шатёр,
На ширинку ставь прибор
Из заморского варенья
И сластей для прохлажденья.
Сам ложися за шатром
Да смекай себе умом.
Видишь, шлюпка вон мелькает...
То царевна подплывает.
Пусть в шатёр она войдёт,
Пусть покушает, попьёт;
Вот, как в гусли заиграет, —
Знай, уж время наступает.
Ты тотчас в шатёр вбегай,
Ту царевну сохватай
И держи её сильнее
Да зови меня скорее.
Я на первый твой приказ
Прибегу к тебе как раз;
И поедем... Да смотри же,
Ты гляди за ней поближе;
Если ж ты её проспишь,

Так беды не избежишь».
Тут конёк из глаз сокрылся,
За шатёр Иван забился
И давай диру* вертеть,
Чтоб царевну подсмотреть.

Ясный полдень наступает;
Царь-девица подплывает,

Входит с гуслями в шатёр
И садится за прибор.
«Хм! Так вот та Царь-девица!
Как же в сказках говорится, —
Рассуждает стремянной, —
Что куда красна собой

Царь-девица, так что диво!
Эта вовсе не красива:
И бледна-то, и тонка,
Чай, в обхват-то три вершка;
А ножонка-то, ножонка!
Тьфу ты! словно у цыплёнка!
Пусть полюбится кому,
Я и даром не возьму.
Тут царевна заиграла
И столь сладко припевала,
Что Иван, не зная как,
Прикорнулся на кулак
И под голос тихий, стройный
Засыпает преспокойно.
Запад тихо догорал.
Вдруг конёк над ним заржал
И, толкнув его копытом,
Крикнул голосом сердитым:
«Спи, любезный, до звезды!
Высыпай себе беды,
Не меня ведь вздёрнут на кол!»
Тут Иванушка заплакал
И, рыдаючи, просил,
Чтоб конёк его простил:
«Отпусти вину Ивану,
Я вперёд уж спать не стану». —
«Ну, уж бог тебя простит! —
Горбунок ему кричит. —
Всё поправим, может статься,
Только, чур, не засыпаться;
Завтра, рано поутру,
К златошвейному шатру

Приплывёт опять девица
Мёду сладкого напиться.
Если ж снова ты заснёшь,
Головы уж не снесёшь».
Тут конёк опять сокрылся;
А Иван сбирать пустился
Острых камней и гвоздей
От разбитых кораблей
Для того, чтоб уколоться,
Если вновь ему вздремнётся.

На другой день, поутру,
К златошвейному шатру

Царь-девица подплывает,
Шлюпку на берег бросает,
Входит с гуслями в шатёр
И садится за прибор...
Вот царевна заиграла
И столь сладко припевала,
Что Иванушке опять
Захотелося поспать.
«Нет, постой же ты, дрянная! —
Говорит Иван, вставая. —
Ты в другóрядь не уйдёшь
И меня не проведёшь».

Тут в шатёр Иван вбегает,
Косу длинную хватает...
«Ой, беги, конёк, беги!
Горбунок мой, помоги!»
Вмиг конёк к нему явился.
«Ай, хозяин, отличился!

Ну, садись же поскорей
Да держи её плотней!»

Вот столицы достигает.
Царь к царевне выбегает,
За белы руки берёт,
Во дворец её ведёт
И садит за стол дубовый
И под занавес шелковый,
В глазки с нежностью глядит,
Сладки речи говорит:
«Бесподобная девица,
Согласися быть царица!
Я тебя едва узрел —
Сильной страстью воскипел.
Соколины твои очи
Не дадут мне спать средь ночи
И во время бела дня —
Ох! измучают меня.
Молви ласковое слово!
Всё для свадьбы уж готово;
Завтра ж утром, светик мой,
Обвенчаемся с тобой
И начнём жить припевая».
А царевна молодая,
Ничего не говоря,
Отвернулась от царя.
Царь нисколько не сердился,
Но сильней ещё влюбился;
На колен пред нею стал,
Ручки нежно пожимал
И балясы начал снова:
«Молви ласковое слово!

Чем тебя я огорчил?
Али тем, что полюбил?
О, судьба моя плачевна!»
Говорит ему царевна:
«Если хочешь взять меня,
То доставь ты мне в три дня
Перстень мой из окияна». —
«Гей! Позвать ко мне Ивана!» —
Царь поспешно закричал
И чуть сам не побежал.

Вот Иван к царю явился,
Царь к нему оборотился
И сказал ему: «Иван!
Поезжай на окиян;
В окияне том хранится
Перстень, слышь ты, Царь-девицы.
Коль достанешь мне его,
Задарю тебя всего». —
«Я и с первой-то дороги
Волочу насилу ноги;

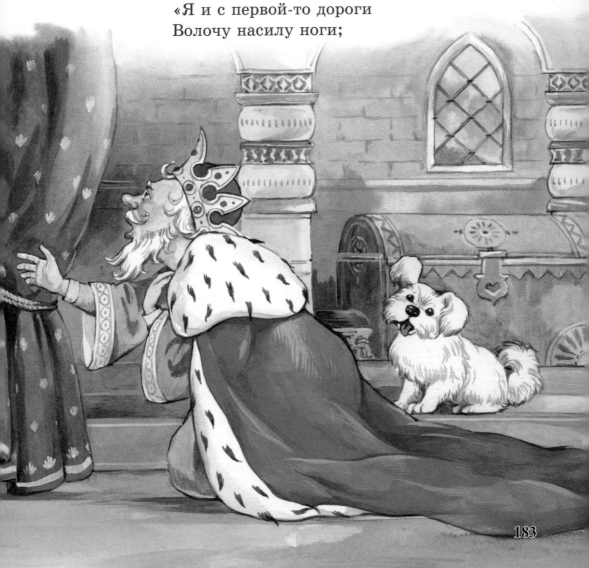

Ты опять на окиян!» —
Говорит царю Иван.
«Как же, плут, не торопиться:
Видишь, я хочу жениться! —
Царь со гневом закричал
И ногами застучал. —
У меня не отпирайся,
А скорее отправляйся!»
Тут Иван хотел идти.
«Эй, послушай! По пути, —
Говорит ему царица, —
Заезжай ты поклониться
В изумрудный терем мой
Да скажи моей родной:
Дочь её узнать желает,
Для чего она скрывает
По три ночи, по три дня
Лик* свой ясный от меня?
И зачем мой братец красный
Завернулся в мрак ненастный
И в туманной вышине
Не пошлёт луча ко мне?
Не забудь же!» — «Помнить буду,
Если только не забуду;
Да ведь надо же узнать,
Кто те братец, кто те мать,
Чтоб в родне-то нам не сбиться».
Говорит ему царица:
«Месяц — мать мне, Солнце — брат». —
«Да, смотри, в три дня назад!» —
Царь-жених к тому прибавил.
Тут Иван царя оставил

И пошёл на сеновал,
Где конёк его лежал.

«Что, Иванушка, невесел?
Что головушку повесил?» —

Говорит ему конёк.
«Помоги мне, горбунок!
Видишь, вздумал царь жениться,
Знашь, на тоненькой царице,
Так и шлёт на окиян, —
Говорит коньку Иван. —
Дал мне сроку три дня только;
Тут попробовать изволь-ка
Перстень дьявольский достать!
Да велела заезжать
Эта тонкая царица
Где-то в терем поклониться
Солнцу, Месяцу, притом
И спрошать кое об чём...»
Тут конёк: «Сказать по дружбе,
Это — службишка, не служба;
Служба всё, брат, впереди!
Ты теперя спать поди;

А назавтра, утром рано,
Мы поедем к окияну».

На другой день наш Иван,
Взяв три луковки в карман,
Потеплее приоделся,
На коньке своём уселся
И поехал в дальний путь...
Дайте, братцы, отдохнуть!

# ЧАСТЬ ТРЕТЬЯ

*Доселева Макар огороды копал,*
*А нынече Макар в воеводы попал.*

Та-ра-рали, та-ра-ра!
Вышли кони со двора;
Вот крестьяне их поймали
Да покрепче привязали.
Сидит ворон на дубу,
Он играет во трубу;
Как во трубушку играет,
Православных потешает:
«Эй, послушай, люд честной!
Жили-были муж с женой;
Муж-то примется за шутки,
А жена за прибаутки,
И пойдёт у них тут пир,
Что на весь крещёный мир!»
Это присказка ведётся,
Сказка послее начнётся.
Как у наших у ворот
Муха песенку поёт:
«Что дадите мне за вестку?
Бьёт свекровь свою невестку:
Посадила на шесток,
Привязала за шнурок,
Ручки к ножкам притянула,
Ножку правую разула:
«Не ходи ты по зарям!
Не кажися молодцам!»
Это присказка велася,
Вот и сказка началася.

Ну-с, так едет наш Иван
За кольцом на окиян.
Горбунок летит, как ветер,
И в почин на первый вечер

189

Вёрст сто тысяч отмахал
И нигде не отдыхал.

Подъезжая к окияну,
Говорит конёк Ивану:
«Ну, Иванушка, смотри,
Вот минутки через три
Мы приедем на поляну —
Прямо к морю-окияну;
Поперёк его лежит
Чудо-юдо рыба-кит;
Десять лет уж он страдает,
А доселева не знает,
Чем прощенье получить;
Он учнёт тебя просить,
Чтоб ты в солнцевом селенье
Попросил ему прощенье;
Ты исполнить обещай,
Да, смотри ж, не забывай!»

Вот въезжают на поляну
Прямо к морю-окияну;
Поперёк его лежит
Чудо-юдо рыба-кит.
Все бока его изрыты,
Частоколы в рёбра вбиты,
На хвосте сыр-бор шумит,
На спине село стоит;
Мужички на губе пашут,
Между глаз мальчишки пляшут,
А в дубраве, меж усов,
Ищут девушки грибов.

Вот конёк бежит по киту,
По костям стучит копытом.
Чудо-юдо рыба-кит
Так проезжим говорит,
Рот широкий отворяя,
Тяжко, горько воздыхая:

«Путь-дорога, господа!
Вы откуда и куда?» —
«Мы послы от Царь-девицы,
Едем оба из столицы, —
Говорит киту конёк, —
К солнцу прямо на восток,
Во хоромы золотые». —
«Так нельзя ль, отцы родные,
Вам у солнышка спросить:
Долго ль мне в опале* быть,
И за кои прегрешенья
Я терплю беды-мученья?» —
«Ладно, ладно, рыба-кит!» —
Наш Иван ему кричит.
«Будь отец мне милосердный!
Вишь, как мучуся я, бедный!
Десять лет уж тут лежу...
Я и сам те услужу!..» —
Кит Ивана умоляет,
Сам же горько воздыхает.
«Ладно-ладно, рыба-кит!» —
Наш Иван ему кричит.
Тут конёк под ним забился,
Прыг на берег — и пустился,
Только видно, как песок
Вьётся вихорем у ног.

Едут близко ли, далёко,
Едут низко ли, высоко
И увидели ль кого —
Я не знаю ничего.
Скоро сказка говорится,
Дело мешкотно* творится.

192

Только, братцы, я узнал,
Что конёк туда вбежал,
Где (я слышал стороною)
Небо сходится с землёю,
Где крестьянки лён прядут,
Прялки на небо кладут.

Тут Иван с землёй простился
И на небе очутился,
И поехал, будто князь,
Шапка набок, подбодрясь.
«Эко диво! эко диво!
Наше царство хоть красиво, —
Говорит коньку Иван
Средь лазоревых полян, —
А как с небом-то сравнится,
Так под стельку не годится.
Что земля-то!.. ведь она
И черна-то и грязна;
Здесь земля-то голубая,
А уж светлая какая!..
Посмотри-ка, горбунок,
Видишь, вон где, на восток,
Словно светится зарница...
Чай, небесная светлица...
Что-то больно высока!» —
Так спросил Иван конька.
«Это терем Царь-девицы,
Нашей будущей царицы, —
Горбунок ему кричит, —
По ночам здесь Солнце спит,
А полуденной порою
Месяц входит для покою».

Подъезжают; у ворот
Из столбов хрустальный свод;
Все столбы те завитые
Хитро в змейки золотые;
На верхушках три звезды,
Вокруг терема сады;
На серебряных там ветках
В раззолоченных во клетках

Птицы райские живут,
Песни царские поют.
А ведь терем с теремами,
Будто город с деревнями;
А на тереме из звезд —
Православный русский крест.

Вот конёк во двор въезжает;
Наш Иван с него слезает,
В терем к Месяцу идёт
И такую речь ведёт:
«Здравствуй, Месяц Месяцович!
Я — Иванушка Петрович,
Из далёких я сторон
И привёз тебе поклон». —

«Сядь, Иванушка Петрович, —
Молвил Месяц Месяцович, —
И поведай мне вину
В нашу светлую страну
Твоего с земли прихода;
Из какого ты народа,
Как попал ты в этот край, —
Всё скажи мне, не утай». —
«Я с земли пришёл Землянской,
Из страны ведь христианской, —
Говорит, садясь, Иван, —
Переехал окиян
С порученьем от царицы —
В светлый терем поклониться
И сказать вот так, постой:
«Ты скажи моей родной:

Дочь её узнать желает,
Для чего она скрывает
По три ночи, по три дня
Лик какой-то от меня;
И зачем мой братец красный
Завернулся в мрак ненастный
И в туманной вышине
Не пошлёт луча ко мне?»
Так, кажися? — Мастерица
Говорить красно царица;
Не припомнишь всё сполна,
Что сказала мне она». —
«А какая то царица?» —
«Это, знаешь, Царь-девица». —
«Царь-девица?.. Так она,
Что ль, тобой увезена?» —
Вскрикнул Месяц Месяцович.
А Иванушка Петрович
Говорит: «Известно, мной!
Вишь, я царский стремянной;
Ну, так царь меня отправил,
Чтобы я её доставил
В три недели во дворец;
А не то меня, отец,
Посадить грозился на кол».
Месяц с радости заплакал,
Ну Ивана обнимать,
Целовать и миловать.
«Ах, Иванушка Петрович! —
Молвил Месяц Месяцович. —
Ты принёс такую весть,
Что не знаю, чем и счесть!

А уж мы как горевали,
Что царевну потеряли!..
Оттого-то, видишь, я
По три ночи, по три дня
В тёмном облаке ходила,
Всё грустила да грустила,

Трое суток не спала,
Крошки хлеба не брала,
Оттого-то сын мой красный
Завернулся в мрак ненастный,
Луч свой жаркий погасил,
Миру божью не светил:

Всё грустил, вишь, по сестрице,
Той ли красной Царь-девице.
Что, здорова ли она?
Не грустна ли, не больна?» —
«Всем бы, кажется, красотка,
Да у ней, кажись, сухотка:
Ну, как спичка, слышь, тонка,
Чай, в обхват-то три вершка;
Вот как замуж-то поспеет,
Так небось и потолстеет:
Царь, слышь, женится на ней».
Месяц вскрикнул: «Ах, злодей!
Вздумал в семьдесят жениться
На молоденькой девице!
Да стою я крепко в том —
Просидит он женихом!
Вишь, что старый хрен затеял:
Хочет жать там, где не сеял!
Полно, лаком больно стал!»
Тут Иван опять сказал:
«Есть ещё к тебе прошенье,
То о китовом прощенье...
Есть, вишь, море; чудо-кит
Поперёк его лежит:
Все бока его изрыты,
Частоколы в рёбра вбиты...
Он, бедняк, меня прошал,
Чтобы я тебя спрошал:
Скоро ль кончится мученье?
Чем сыскать ему прощенье?
И на что он тут лежит?»
Месяц ясный говорит:

«Он за то несёт мученье,
Что без божия веленья
Проглотил среди морей
Три десятка кораблей.
Если даст он им свободу,
Снимет бог с него невзгоду,

Вмиг все раны заживит,
Долгим веком наградит».

Тут Иванушка поднялся,
С светлым Месяцем прощался,
Крепко шею обнимал,
Трижды в щёки целовал.
«Ну, Иванушка Петрович! —
Молвил Месяц Месяцович. —
Благодарствую тебя
За сынка и за себя.
Отнеси благословенье
Нашей дочке в утешенье
И скажи моей родной:
«Мать твоя всегда с тобой;
Полно плакать и крушиться:
Скоро грусть твоя решится, —
И не старый, с бородой,
А красавец молодой
Поведёт тебя к налою».
Ну, прощай же! Бог с тобою!»
Поклонившись, как умел,
На конька Иван тут сел,
Свистнул, будто витязь знатный,
И пустился в путь обратный.

На другой день наш Иван
Вновь пришёл на окиян.
Вот конёк бежит по киту,
По костям стучит копытом.
Чудо-юдо рыба-кит
Так, вздохнувши, говорит:

«Что, отцы, моё прошенье?
Получу ль когда прощенье?» —
«Погоди ты, рыба-кит!» —
Тут конёк ему кричит.

Вот в село он прибегает,
Мужиков к себе сзывает,

Чёрной гривкою трясёт
И такую речь ведёт:
«Эй, послушайте, миряне,
Православны христиане!
Коль не хочет кто из вас
К водяному сесть в приказ\*,
Убирайся вмиг отсюда.
Здесь тотчас случится чудо:
Море сильно закипит,
Повернётся рыба-кит...»
Тут крестьяне и миряне,
Православны христиане,
Закричали: «Быть бедам!»
И пустились по домам.
Все телеги собирали;
В них, не мешкая, поклали
Всё, что было живота,
И оставили кита.
Утро с полднем повстречалось,
А в селе уж не осталось
Ни одной души живой,
Словно шёл Мамай войной!

Тут конёк на хвост вбегает,
К перьям близко прилегает
И что мочи есть кричит:
«Чудо-юдо рыба-кит!
Оттого твои мученья,
Что без божия веленья
Проглотил ты средь морей
Три десятка кораблей.
Если дашь ты им свободу,
Снимет бог с тебя невзгоду,

Вмиг все раны заживит,
Долгим веком наградит».
И, окончив речь такую,
Закусил узду стальную,
Понатужился — и вмиг
На далёкий берег прыг.

Чудо-кит зашевелился,
Словно холм поворотился,
Начал море волновать
И из челюстей бросать

Корабли за кораблями
С парусами и гребцами.

Тут поднялся шум такой,
Что проснулся царь морской:
В пушки медные палили,
В трубы кованы трубили;
Белый парус поднялся,
Флаг на мачте развился;

Поп с причётом всем служебным
Пел на палубе молебны;
А гребцов весёлый ряд
Грянул песню наподхват:
«Как по моречку, по морю,
По широкому раздолью,
Что по самый край земли,
Выбегают корабли...»

Волны моря заклубились,
Корабли из глаз сокрылись.
Чудо-юдо рыба-кит
Громким голосом кричит,
Рот широкий отворяя,
Плёсом* волны разбивая:
«Чем вам, други, услужить?
Чем за службу наградить?
Надо ль раковин цветистых?
Надо ль рыбок золотистых?
Надо ль крупных жемчугов?
Всё достать для вас готов!» —
«Нет, кит-рыба, нам в награду
Ничего того не надо, —
Говорит ему Иван, —
Лучше перстень нам достань —
Перстень, знаешь, Царь-девицы,
Нашей будущей царицы». —
«Ладно, ладно! Для дружка
И серёжку из ушка!
Отыщу я до зарницы
Перстень красной Царь-девицы», —
Кит Ивану отвечал
И, как ключ, на дно упал.

Вот он плёсом ударяет,
Громким голосом сзывает
Осетриный весь народ
И такую речь ведёт:
«Вы достаньте до зарницы
Перстень красной Царь-девицы,

Скрытый в ящичке на дне.
Кто его доставит мне,
Награжу того я чином:
Будет думным дворянином.
Если ж умный мой приказ
Не исполните... я вас!»
Осетры тут поклонились
И в порядке удалились.

Через несколько часов
Двое белых осетров
К киту медленно подплыли
И смиренно говорили:
«Царь великий! не гневись!
Мы всё море уж, кажись,
Исходили и изрыли,
Но и знаку не открыли.
Только ёрш один из нас
Совершил бы твой приказ:
Он по всем морям гуляет,
Так уж, верно, перстень знает;
Но его, как бы назло,
Уж куда-то унесло». —
«Отыскать его в минуту
И послать в мою каюту!» —
Кит сердито закричал
И усами закачал.

Осетры тут поклонились,
В земский суд бежать пустились
И велели в тот же час
От кита писать указ,

Чтоб гонцов скорей послали
И ерша того поймали.
Лец, услыша сей приказ,
Именной писал указ;
Сом (советником он звался)
Под указом подписался;

Чёрный рак указ сложил
И печати приложил.
Двух дельфинов тут призвали
И, отдав указ, сказали,
Чтоб, от имени царя,
Обежали все моря
И того ерша-гуляку,
Крикуна и забияку,
Где бы ни было нашли,
К государю привели.
Тут дельфины поклонились
И ерша искать пустились.

Ищут час они в морях,
Ищут час они в реках,
Все озёра исходили,
Все проливы переплыли,
Не могли ерша сыскать
И вернулися назад,
Чуть не плача от печали...

Вдруг дельфины услыхали
Где-то в маленьком пруде
Крик неслыханный в воде.
В пруд дельфины завернули
И на дно его нырнули, —
Глядь: в пруде, под камышом,
Ёрш дерётся с карасём.
«Смирно! черти б вас побрали!
Вишь, содом какой подняли,
Словно важные бойцы!» —
Закричали им гонцы.

«Ну, а вам какое дело? —
Ёрш кричит дельфинам смело. —
Я шутить ведь не люблю,
Разом всех переколю!» —
«Ох ты, вечная гуляка
И крикун и забияка!

Всё бы, дрянь, тебе гулять,
Всё бы драться да кричать.
Дома — нет ведь, не сидится!..
Ну да что с тобой рядиться, —
Вот тебе царёв указ,
Чтоб ты плыл к нему тотчас».
Тут проказника дельфины
Подхватили за щетины
И отправились назад.
Ёрш ну рваться и кричать:
«Будьте милостивы, братцы!
Дайте чуточку подраться.
Распроклятый тот карась
Поносил меня вчерась
При честном при всём собранье
Неподобной разной бранью...»
Долго ёрш ещё кричал,
Наконец и замолчал;
А проказника дельфины
Всё тащили за щетины,
Ничего не говоря,
И явились пред царя.

«Что ты долго не являлся?
Где ты, вражий сын, шатался?»
Кит со гневом закричал.
На колени ёрш упал,
И, признавшись в преступленье,
Он молился о прощенье.
«Ну, уж бог тебя простит! —
Кит державный говорит. —
Но за то твоё прощенье
Ты исполни повеленье». —

«Рад стараться, чудо-кит!» —
На коленях ёрш пищит.
«Ты по всем морям гуляешь,
Так уж, верно, перстень знаешь
Царь-девицы?» — «Как не знать!
Можем разом отыскать». —

«Так ступай же поскорее
Да сыщи его живее!»

Тут, отдав царю поклон,
Ёрш пошёл, согнувшись, вон.
С царской дворней побранился,
За плотвой поволочился
И салакушкам шести
Нос разбил он на пути.
Совершив такое дело,
В омут кинулся он смело
И в подводной глубине
Вырыл ящичек на дне —
Пуд по крайней мере во сто.
«О, здесь дело-то не просто!»
И давай из всех морей
Ёрш скликать к себе сельдей.

Сельди духом собралися,
Сундучок тащить взялися,
Только слышно и всего —
«У-у-у!» да «о-о-о!»
Но сколь сильно ни кричали,
Животы лишь надорвали,
А проклятый сундучок
Не дался и на вершок.
«Настоящие селёдки!
Вам кнута бы вместо водки!» —
Крикнул ёрш со всех сердцов
И нырнул по осетров.

Осетры тут приплывают
И без крика подымают

Крепко ввязнувший в песок
С перстнем красный сундучок.
«Ну, ребятушки, смотрите,
Вы к царю теперь плывите,
Я ж пойду теперь ко дну
Да немножко отдохну:
Что-то сон одолевает,
Так глаза вот и смыкает...»

Осетры к царю плывут,
Ёрш-гуляка прямо в пруд
(Из которого дельфины
Утащили за щетины),
Чай, додраться с карасём, —
Я не ведаю о том.
Но теперь мы с ним простимся
И к Ивану возвратимся.

Тихо море-окиян.
На песке сидит Иван,
Ждёт кита из синя моря
И мурлыкает от горя;
Повалившись на песок,
Дремлет верный горбунок.
Время к вечеру клонилось;
Вот уж солнышко спустилось;
Тихим пламенем горя,
Развернулася заря.
А кита не тут-то было.
«Чтоб те, вора, задавило!
Вишь, какой морской шайтан! —
Говорит себе Иван. —
Обещался до зарницы
Вынесть перстень Царь-девицы,
А доселе не сыскал,
Окаянный зубоскал!
А уж солнышко-то село,
И...» Тут море закипело:
Появился чудо-кит
И к Ивану говорит:
«За твоё благодеянье
Я исполнил обещанье».
С этим словом сундучок
Брякнул плотно на песок,
Только берег закачался.
«Ну, теперь я расквитался.
Если ж вновь принужусь* я,
Позови опять меня;
Твоего благодеянья
Не забыть мне... До свиданья!»

Тут кит-чудо замолчал
И, всплеснув, на дно упал.

Горбунок-конёк проснулся,
Встал на лапки, отряхнулся,
На Иванушку взглянул
И четырежды прыгнул.

«Ай да Кит Китович! Славно!
Долг свой выплатил исправно!
Ну, спасибо, рыба-кит! —
Горбунок-конёк кричит. —
Что ж, хозяин, одевайся,
В путь-дорожку отправляйся;
Три денька ведь уж прошло:
Завтра срочное число.
Чай, старик уж умирает».
Тут Ванюша отвечает:
«Рад бы радостью поднять,
Да ведь силы не занять!
Сундучишко больно плотен,
Чай, чертей в него пять сотен
Кит проклятый насажал.
Я уж трижды подымал;
Тяжесть страшная такая!»
Тут конёк, не отвечая,
Поднял ящичек ногой,
Будто камушек какой,
И взмахнул к себе на шею.
«Ну, Иван, садись скорее!
Помни, завтра минет срок,
А обратный путь далёк».

Стал четвёртый день зориться.
Наш Иван уже в столице.
Царь с крыльца к нему бежит.
«Что кольцо моё?» — кричит.
Тут Иван с конька слезает
И преважно отвечает:
«Вот тебе и сундучок!
Да вели-ка скликать полк:

Сундучишко мал хоть на вид,
Да и дьявола задавит».
Царь тотчас стрельцов позвал
И немедля приказал
Сундучок отнесть в светлицу,
Сам пошёл по Царь-девицу.
«Перстень твой, душа, найдён, —
Сладкогласно молвил он, —
И теперь, примолвить снова,
Нет препятства никакого
Завтра утром, светик мой,
Обвенчаться мне с тобой.

Но не хочешь ли, дружочек,
Свой увидеть перстенёчек?
Он в дворце моём лежит».
Царь-девица говорит:
«Знаю, знаю! Но, признаться,
Нам нельзя ещё венчаться». —
«Отчего же, светик мой?
Я люблю тебя душой;
Мне, прости ты мою смелость,
Страх жениться захотелось.
Если ж ты... то я умру
Завтра ж с горя поутру.

Сжалься, матушка царица!»
Говорит ему девица:
«Но взгляни-ка, ты ведь сед;
Мне пятнадцать только лет:
Как же можно нам венчаться?
Все цари начнут смеяться,
Дед-то, скажут, внуку взял!»
Царь со гневом закричал:
«Пусть-ка только засмеются —
У меня как раз свернутся:
Все их царства полоню*!
Весь их род искореню!»
«Пусть не станут и смеяться,
Всё не можно нам венчаться, —
Не растут зимой цветы:
Я красавица, а ты?..
Чем ты можешь похвалиться?» —
Говорит ему девица.
«Я хоть стар, да я удал! —
Царь царице отвечал. —
Как немножко приберуся,
Хоть кому так покажуся
Разудалым молодцом.
Ну, да что нам нужды в том?
Лишь бы только нам жениться».
Говорит ему девица:
«А такая в том нужда,
Что не выйду никогда
За дурного, за седого,
За беззубого такого!»
Царь в затылке почесал
И, нахмуряся, сказал:

«Что ж мне делать-то, царица?
Страх как хочется жениться;
Ты же, ровно на беду:
Не пойду да не пойду!» —
«Не пойду я за седова, —
Царь-девица молвит снова. —
Стань, как прежде, молодец,
Я тотчас же под венец». —

«Вспомни, матушка царица,
Ведь нельзя переродиться;
Чудо бог один творит».
Царь-девица говорит:
«Коль себя не пожалеешь,
Ты опять помолодеешь.
Слушай: завтра на заре
На широком на дворе
Должен челядь ты заставить
Три котла больших поставить
И костры под них сложить.
Первый надобно налить
До краёв водой студёной,
А второй — водой варёной,
А последний — молоком,
Вскипятя его ключом.
Вот, коль хочешь ты жениться
И красавцем учиниться, —
Ты без платья, налегке,
Искупайся в молоке;
Тут побудь в воде варёной,
А потом ещё в студёной,
И скажу тебе, отец,
Будешь знатный молодец!»

Царь не вымолвил ни слова,
Кликнул тотчас стремяннова.
«Что, опять на окиян? —
Говорит царю Иван. —
Нет уж, дудки, ваша милость!
Уж и то во мне всё сбилось.
Не поеду ни за что!» —
«Нет, Иванушка, не то.

Завтра я хочу заставить
На дворе котлы поставить
И костры под них сложить.
Первый думаю налить
До краёв водой студёной,
А второй — водой варёной,

А последний — молоком,
Вскипятя его ключом.
Ты же должен постараться
Пробы ради искупаться
В этих трёх больших котлах,
В молоке и в двух водах». —
«Вишь, откуда подъезжает! —
Речь Иван тут начинает.
Шпарят только поросят,
Да индюшек, да цыплят;
Я ведь, глянь, не поросёнок,
Не индюшка, не цыплёнок.
Вот в холодной, так оно
Искупаться бы можно,
А подваривать как станешь,
Так меня и не заманишь.
Полно, царь, хитрить, мудрить
Да Ивана проводить!»
Царь, затрясши бородою:
«Что? рядиться мне с тобою! —
Закричал он. — Но смотри!
Если ты в рассвет зари
Не исполнишь повеленье, —
Я отдам тебя в мученье,
Прикажу тебя пытать,
По кусочкам разрывать.
Вон отсюда, болесть злая!»
Тут Иванушка, рыдая,
Поплелся на сеновал,
Где конёк его лежал.

«Что, Иванушка, невесел?
Что головушку повесил? —

Говорит ему конёк. —
Чай, наш старый женишок
Снова выкинул затею?»
Пал Иван к коньку на шею,
Обнимал и целовал.
«Ох, беда, конёк! — сказал. —
Царь вконец меня сбывает;
Сам подумай, заставляет

Искупаться мне в котлах,
В молоке и в двух водах:
Как в одной воде студёной,
А в другой воде варёной,
Молоко, слышь, кипяток».
Говорит ему конёк:
«Вот уж служба так уж служба!
Тут нужна моя вся дружба.
Как же к слову не сказать:
Лучше б нам пера не брать;
От него-то, от злодея,
Столько бед тебе на шею...
Ну, не плачь же, бог с тобой!
Сладим как-нибудь с бедой.
И скорее сам я сгину,
Чем тебя, Иван, покину.
Слушай: завтра на заре,
В те поры, как на дворе
Ты разденешься, как должно,
Ты скажи царю: «Не можно ль,
Ваша милость, приказать
Горбунка ко мне послать,
Чтоб впоследни с ним проститься».
Царь на это согласится.
Вот как я хвостом махну,
В те котлы мордой макну,
На тебя два раза прысну,
Громким посвистом присвистну,
Ты, смотри же, не зевай:
В молоко сперва ныряй,
Тут в котёл с водой варёной,
А оттудова в студёной.

А теперича молись
Да спокойно спать ложись».

На другой день, утром рано,
Разбудил конёк Ивана:
«Эй, хозяин, полно спать!
Время службу исполнять».
Тут Ванюша почесался,
Потянулся и поднялся,
Помолился на забор
И пошёл к царю во двор.

Там котлы уже кипели;
Подле них рядком сидели
Кучера и повара
И служители двора;
Дров усердно прибавляли,
Об Иване толковали
Втихомолку меж собой
И смеялися порой.

Вот и двери растворились;
Царь с царицей появились
И готовились с крыльца
Посмотреть на удальца.
«Ну, Ванюша, раздевайся
И в котлах, брат, покупайся!» —
Царь Ивану закричал.
Тут Иван одежду снял,
Ничего не отвечая.
А царица молодая,
Чтоб не видеть наготу,
Завернулася в фату*.

Вот Иван к котлам поднялся,
Глянул в них — и зачесался.
«Что же ты, Ванюша, стал? —
Царь опять ему вскричал. —
Исполняй-ка, брат, что должно!»
Говорит Иван: «Не можно ль,
Ваша милость, приказать
Горбунка ко мне послать.

Я впоследни б с ним простился».
Царь, подумав, согласился
И изволил приказать
Горбунка к нему послать.
Тут слуга конька приводит
И к сторонке сам отходит.

Вот конёк хвостом махнул,
В те котлы мордой макнул,
На Ивана дважды прыснул,
Громким посвистом присвистнул.
На конька Иван взглянул
И в котёл тотчас нырнул,
Тут в другой, там в третий тоже,
И такой он стал пригожий,
Что ни в сказке не сказать,
Ни пером не написать!
Вот он в платье нарядился,
Царь-девице поклонился,
Осмотрелся, подбодрясь,
С важным видом, будто князь.

«Эко диво! — все кричали. —
Мы и слыхом не слыхали,
Чтобы льзя* похорошеть!»

Царь велел себя раздеть,
Два раза перекрестился,
Бух в котёл — и там сварился!

Царь-девица тут встаёт,
Знак к молчанью подаёт,

Покрывало поднимает
И к прислужникам вещает:
«Царь велел вам долго жить!
Я хочу царицей быть.
Люба ль я вам? Отвечайте!
Если люба, то признайте
Володетелем всего
И супруга моего!»
Тут царица замолчала,
На Ивана показала.

«Люба, люба! — все кричат. —
За тебя хоть в самый ад!
Твоего ради талана
Признаём царя Ивана!»

Царь царицу тут берёт,
В церковь божию ведёт,
И с невестой молодою
Он обходит вкруг налою.

Пушки с крепости палят;
В трубы кованы трубят;
Все подвалы отворяют,
Бочки с фряжским* выставляют,
И, напившися, народ
Что есть мочушки дерёт:
«Здравствуй, царь наш со царицей!
С распрекрасной Царь-девицей!»

Во дворце же пир горой:
Вина льются там рекой;

За дубовыми столами
Пьют бояре со князьями.
Сердцу любо! Я там был,
Мёд, вино и пиво пил;
По усам хоть и бежало,
В рот ни капли не попало.

# ОБЪЯСНЕНИЕ УСТАРЕВШИХ И ОБЛАСТНЫХ СЛОВ И ВЫРАЖЕНИЙ

## Сказки А.С. Пушкина

**Воро́ты** *(устар.)* – ворота.

**Душегре́йка** *(устар.)* – женская тёплая кофта без рукавов, со сборками сзади.

**Дьяк прика́зный** *(в Древней Руси)* – должностное лицо, ведущее дела какого-либо учреждения (приказа).

**Ки́чка** *(устар.)* – старинный русский праздничный головной убор замужней женщины.

**Колыма́га** *(устар.)* – тяжёлая, громоздкая и неуклюжая повозка. Здесь: старинная разукрашенная карета.

**Лукомо́рье** – морской залив.

**Ма́ковка** *(простореч.)* – верхушка.

**Не прива́льный остров** *(устар.)* – остров, возле которого не причаливали (не останавливались) корабли.

**Неука́занный товар** – запрещённый к провозу.

**Пала́ты** *(устар.)* – большое богатое здание, помещение.

**Престо́л** – особое кресло, трон, на котором сидел царь в торжественных случаях.

**Свете́лка, светли́ца** *(устар.)* – светлая парадная комната в доме.

**Снуро́к** *(устар.)* – шнурок.

**Столбова́я дворя́нка** *(в старину)* – дворянка старинного и знатного рода.

**Те́рем** *(в Древней Руси)* – дом в виде башни.

**Уде́л** *(устар.)* – здесь: княжество.

**Чупру́н** – прядь волос, спадающая на лоб.

# Конёк-Горбунок

**А́жно** – разве.

**Ба́бка** – игральная кость.

**Балага́н** – здесь: шалаш, сарай.

**Бочки с фря́жским** – бочки с заморским вином.

**Белоя́рое пшено** – кукуруза; в сказках – отборный конский корм.

**Буера́к** – глубокая обрывистая промоина, овраг.

**Вдруго́редь** – в другой раз, снова.

**Глазе́й** – человек, подсматривающий за кем-нибудь.

**Городни́чий** – начальник города в старину.

**Гость** – старинное название купца, торговца.

**Даве́ж** – давка.

**Дать в прика́з** – отдать под надзор.

**Ди́рочка, дира́** – так произносилось и теперь иногда произносится в некоторых местностях слово «дыра».

**Дря́гнуть плясову́ю** – пуститься в пляс, заплясать.

**Ерусла́н** – один из героев русских народных сказок, могучий богатырь.

**Естно́е** – съестное.

**Живо́т** – здесь: жизнь.

**Жо́мы** – тиски, пресс.

**За́гребь** – горсть.

**Зе́льно** – сильно, весьма.

**Зори́ться, зазори́ться** – светать, рассветать.

**К водяно́му сесть в прика́з** – потонуть, пойти ко дну.

**Кра́сно пла́тье** – нарядное, красивое платье.

**Кто́-петь** – здесь: кто же.

**Ку́рево** – здесь: огонь, костёр.

**Лик** – лицо.

*Лубки́* – здесь: ярко раскрашенные картинки.

*Льзя* – можно.

*Малаха́й* – здесь: длинная широкая одежда без пояса.

*Ме́шкотно* – медленно.

*Немо́чь* – болеть.

*Опа́ла* – немилость царя, наказание.

*Остро́г* – тюрьма.

*Пеня́ть* – укорять, упрекать.

*Переима́ть* – переловить.

*Пере́ться* – спорить, отпираться.

*Пле́с* – рыбий хвост.

*Полони́ть* – взять в плен.

*Постуча́ли ендово́й* – выпили. Ендова́ – старинный сосуд для вина.

*Почива́льня, опочива́льня* – спальня.

*Прину́жусь* – понадоблюсь.

*При́тча* – здесь: непонятное дело, странный случай.

*Прозуме́нт (позуме́нт)* – золотая или серебряная тесьма, которую нашивали на одежду для украшения.

*Пулю слить* – налгать, пустить ложный слух.

*Ра́жий* – здоровый, видный, сильный.

*Решёточный* – пожарный.

*Ряди́ться* – торговаться, препираться, договариваться.

*Седми́ца* – неделя.

*Си́речь* – то есть, или, иными словами, именно.

*Спа́льник* – царский слуга.

*Стани́чники* – здесь: разбойники.

*Стрельцы́* – старинное войско.

**Стремянно́й** – придворный; в его обязанности входило быть при царских выездах, ухаживать за верховой лошадью.

**Сусе́дко** – домовой (сибирское название).

**Сусе́к** – отгороженное место для хранения овса или другого зерна.

**Сыта́** – вода, подслащённая мёдом.

**Тала́н** – счастье, удача.

**Тало́вый** – ивовый.

**Учини́ться** – сделаться.

**Фата́** – женское покрывало из лёгкой ткани.

**Фря́жское** – заморское вино.

**Че́лядь** – слуги.

**Шаба́лки** – шабаш, конец.

**Шевели́ть** – здесь; ворошить, вытаптывать.

**Шири́нка** – короткий отрез ткани во всю ширину; полотенце, скатерть, платок.

Серия «Читаем детям». «Читаем малышам»
Александр Сергеевич Пушкин,
Пётр Павлович Ершов

# СКОРО СКАЗКА СКАЗЫВАЕТСЯ...

*Дизайн обложки*
ООО «Форпост»
*

*Главный редактор*
В. Гетцель
*Редактор*
А. Морозова
*

*Вёрстка*
Т. Синцова
*

*Корректор*
Л. Грибиникова

*Для чтения родителями детям*
Подписано в печать 11.05.2012. Формат 70х90/16.
Бумага офсетная № 1. Печать офсетная. Гарнитура «PT Sans».
Усл. печ. л. 17,55. Заказ № 2855. Тираж 10 000 экз.
ОК 005 (ОКП) 95 3900.
Санитарно-эпидемиологическое заключение
№ 61.РЦ.10.953.П.007351.12.07 от 21.12.2007 г.

Торговые представительства:
РО, г. Аксай, тел./факс: (863) 210-11-67, 210-11-70, 210-11-76.
E-mail: book@prof-press.ru
Украина, Донецк: (0622) 58-17-97. E-mail: ppress@ukrpost.ua
Украина, Киев: (044) 464-49-46. E-mail: kredok@i.com.ua

Издательский дом «Проф-Пресс»,
344019, г. Ростов-на-Дону,
а/я 5782, редакция.
www.prof-press.ru

Отпечатано в ООО «Издательский дом «Проф-Пресс»,
346720, РО, г. Аксай, ул. Шолохова, 1 Б;
тел.: (863) 210-11-70.

ББК 84(2Рос=Рус)1
П91

Пушкин А.С., Ершов П.П.
П91   Скоро сказка сказывается... / А.С. Пушкин, П.П. Ершов, худож. Ю. Кравец, О. Пустовойт. – Ростов-на-Дону: Издательский дом «Проф-Пресс», 2012. – 240 с., цв. ил. (Серия «Читаем детям». «Читаем малышам»).

ББК 84(2Рос=Рус)1

ISBN 978-5-378-06850-0